만들면서 배우는

지속가능한 **인공지능 AI**
18개 작품 만들기

{엔트리 + 엠블록 + 아두이노} + AI

entry 엔트리 엠블록 아두이노 인공지능

만들면서 배우는

지속가능한 **인공지능 AI 18개 작품 만들기**

{엔트리 + 엠블록 + 아두이노} + AI

초판 1쇄 발행 | 2023년 01월 30일

지은이 | 박준원, 권은정, 권지선 공저
펴낸이 | 김병성
펴낸곳 | 앤써북

출판사 등록번호 | 제 382-2012-0007 호
주소 | 경기도 파주시 탄현면 방촌로 548
전화 | 070-8877-4177
FAX | 031-942-9852
도서문의 | 앤써북 http://answerbook.co.kr

ISBN | 979-11-979489-8-5 13000

[안내]
• 이 책은 다양한 전자 부품을 활용하여 예제를 실습할 수 있습니다. 단, 전자 부품을 잘못 사용할 경우 파손 외 2차적인 피해가 발생할 수 있으니, 실습 시 반드시 책에서 표시된 내용을 준수하여 사용해야 함을 고지합니다.
• 이 책에 내용을 기반으로 실습 및 운용 결과에 대해 저자, 소프트웨어 개발자 및 제공자, 앤써북 출판사, 서비스 제공자는 일체의 책임지지 않음을 안내드립니다.
• 이 책에 소개된 회사명, 제품명은 각 회사의 등록 상표 또는 상표이며 본문 중 TM, ©, ® 마크 등을 생략하였습니다.
• 이 책은 소프트웨어, 플랫폼, 서비스 등은 집필 당시 신 버전으로 설명하였습니다. 단, 독자의 학습 시점에 따라 책의 내용과 일부 다를 수 있습니다.

'함께' 지속가능한 지구를 위한 공동의 가치를 가지고 인공지능 시대를 준비합시다.

'함께'라는 대상은 학생, 선생님, 학교 또는 혼자 공부하는 학생이 될 수 있습니다.

코로나 바이러스로 인해 혼자 공부하고 혼자 밥을 먹고 혼자여야 했고, 혼자가 편한 세상이었습니다. 혼자만의 생활도 가치 있는 부분도 있지만 결국 우리는 함께 살아야 합니다.

코로나 바이러스를 해결하기 위해 격리도 필요했지만 온 세계가 함께 머리를 맞대어 백신과 치료 약을 개발하고 함께함으로 코로나 바이러스로부터 조금씩 자유로워지기 시작했습니다.

질병, 기후변화, 환경오염, 빈곤 등은 한 국가만의 문제가 아니라 세계시민으로서 함께 해결해야 하는 목표가 되었습니다.

2030년까지 UN에서 정한 17개 지속가능발전목표(SDGs:Sustainable Development Goals)를 알아보고 그 문제를 해결하기위한 방법을 인공지능 학습을 통해서 해결하려는 시야를 가지게 하는 것이 이 책의 목표입니다.

알고리즘은 문제를 해결하기 위한 절차와 방법이므로 코딩을 통해 SDGs의 문제를 해결하는 방법을 알아보고 적용하는 과정을 이 책을 통해 알고리즘을 학습할 수 있습니다.

다가오는 미래사회에는 인공지능이 필수이기에 인공지능이 무엇인지 알아보고, 인공지능 기술을 적용하여 블록코딩을 하고 아두이노 보드에 프로그램을 업로드 하여 실제 생활에 어떻게 인공지능을 적용할 수 있는지 다양한 프로젝트를 통해 배울 수 있습니다.

교과 과목에 추가된 인공지능을 엔트리 블록코딩과 엠블록 블록코딩으로 인공지능 학습과정을 알아보고, 인공지능 인식서비스, 번역 서비스, 기계학습 등은 어떻게 사용하는지 프로젝트를 통해서 배울 수 있습니다.

지속가능한 인공지능 작품은 AI, Arduino, Block Coding(엔트리, 엠블록)으로 인공지능의 기초를 학습할 수 있습니다. 엔트리, 엠블록 코딩의 화면 구성뿐만 아니라 피지컬교구 사용법을 익혀서, LED를 켜고 모터 팬을 동작시키면서 인공지능과 아두이노 피지컬 융합코딩을 할 수 있습니다. 회로 연결을 쉽게하기 위해 아두이노 우노 보드에 모듈형 부품을 사용했습니다.

교재에는 문제해결 과정을 다음의 '생각열기-준비하기-확장하기-디자인하기-코딩하기-테스트하기-마무리하기'로 7단계 과정으로 진행됩니다. 마지막 마무리하기 과정은 생각을 확장해서 코딩하도록 하였고 마무리하기 과정의 코드는 별도로 제공합니다.

18장의 각 프로젝트는 실습결과 동영상을 QR 코드로 미리 확인하며 학습할 수 있습니다.

인공지능 학습에 필요한 간단한 그림은 부록의 그림을 사용하도록 했습니다.

2030년에, 지속가능발전목표를 얼마나 많이 해결하였는지 또는 도전을 했는지 생각하며 교재를 즐겁게 활용하기를 바랍니다.

박준원

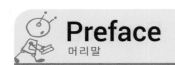

Preface
머리말

요즘 코딩교육에서 빠지지 않고 등장하는 단어가 있습니다. 바로, 인공지능(AI)입니다.
교육부에서도 4차 산업시대 주요기술인 인공지능(AI)에 대한 중요성을 이해하고 관련내용들을 교육과정에 넣어 학생들에게 제공하고 있습니다.

이 책은 인공지능에 대한 관심이 있는 모두를 대상으로 인공지능 기능을 제공하는 블록코딩 언어를 활용해 다양한 프로그램을 만들고 실행해 볼 수 있도록 구성하였습니다.

앞부분에서는 엔트리와 엠블록을 사용해 인공지능 기능을 익히고 사용하는데 중점을 둔 실습과제를, 뒷부분에서는 앞에서 배운 인공지능 기능을 활용해 생활을 편리하게 해 줄 다양한 프로젝트를 제시하여 코딩경험이 없는 학생이라도 책의 내용을 차근차근 따라가면 쉽게 인공지능 프로그램을 만들 수 있습니다.

이 책의 장점
❶ 인공지능 기능의 사용법을 익힐 수 있습니다.
❷ 18개의 장으로 구성해 인공지능 수업을 준비하시는 선생님이나 강사들이 활용하기 쉽도록 구성하였습니다.
❸ 쉬운 과제부터 난이도가 있는 프로그램으로 수준을 높여가는 구성으로 자신의 상황에 맞는 학습이 가능합니다.
❹ 아두이노 활용부분을 추가해 인공지능과 피지컬컴퓨팅 활용까지 함께 익힐 수 있습니다.

이 책을 활용해 우리 생활에 어떻게 인공지능을 활용할 수 있을지 여러분의 생각을 키워 보시기 바랍니다.

권은정

4차 산업혁명 속에서 인공지능, 사물인터넷, 빅데이터의 기술개발로 인한 자동화는 앞으로 다가올 미래사회에 우리 삶의 방식을 많이 바꾸어 놓을 것입니다. 이러한 혁신적인 기술들은 우리가 살고 있는 지구가 지속가능하게 발전할 수 있는 공동의 목표를 가지고 개발되어져야 합니다. 계속되는 기후변화, 환경오염, 새로운 바이러스 출현 등은 점차 증가하고 있고, 기업에서도 ESG경영, 지속가능경영 등이 화두로 떠오르고 있습니다. UN에서는 2015년부터 2030년까지 전 세계가 공동으로 추진할 지속가능발전목표(SDGs)를 발표하였습니다.

인공지능의 기술이 지속가능발전목표를 실천할 수 있는 방향으로 나아가려면 자라나는 청소년들이 세계시민으로써의 글로벌 마인드를 함양하고, 기후와 환경의 위기에 관심을 가지고 인공지능 기술을 활용한 창의적인 아이디어를 생각하고 실천해야 합니다.

이 책은 지속가능한 발전을 위해 청소년들이 인공지능과 피지컬교구를 활용하는 방법을 알아가면서 경제와 환경, 사회 관점에서 여러가지 불편한 문제들을 스스로 해결해보고 변화를 주도하라는 의미를 담아 작성된 교재입니다.

권지선

앤써북 독자지원센터는 이 책을 보는데 필요한 책 소스 및 자료 다운받기, 독자 문의 등을 지원합니다.

책 소스 및 프로젝트 파일

이 책의 실습에 필요한 소스 및 프로젝트 파일은 앤써북 공식 카페에서 다운로드 받으실 수 있습니다. 앤써북 공식 카페에 접속한 후 [도서별 독자 지원 센터]–[지속가능한 인공지능 작품 만들기] 게시판을 클릭하고 "〈만들면서 배우는 지속가능한 인공지능 작품 만들기 {엔트리 + 엠블록 + 아두이노} + AI〉 책 소스 및 정오표입니다." 4852번 게시글을 클릭한 후 안내에 따라 다운로드 받으시면 됩니다.

• 앤써북 공식 카페 ▶ http://cafe.naver.com/answerbook   N 앤써북카페

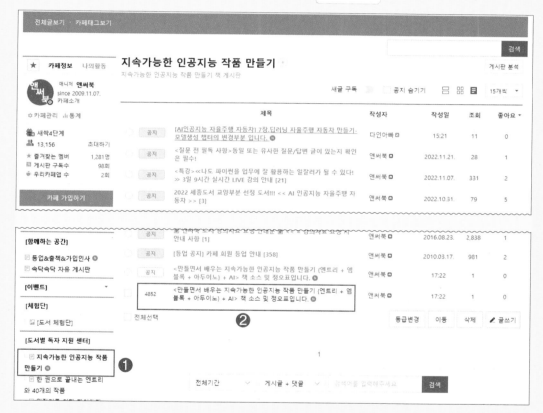

QR 코드로 작품 미리보기

완성 작품 결과를 동영상으로 확인할 수 있습니다.

스마트폰 카메라를 실행하고

이 책의 모든 실습 시작 [1단계 생각열기 〉 미션 확인하기]의 동영상 QR 코드란에서 QR 코드를 비추면 터치해서 완성 작품을 동영상으로 볼 수 있습니다.

Reader Support Center

독자 지원 센터

지속가능한 인공지능 AI 18개 작품 만들기 키트 부품 살펴보기

【미 포함 옵션 사항】

아두이노 우도 R3 보트 + 케이블

【 기본 구성품 및 옵션 사항 】

❶
케이스

❷
40×전선(M)−(F)(수−암)

❸
신호등 LED 모듈

❹
삼색 LED 모듈

❺
팬모터

❻
MAX7219 도트매트릭스

❼
I2C LCD 모듈

❽
SG90 서보모터

❾
가스감지센서모듈(MQ135)

❿
토양수분센서

⓫
조도센서

⓬
40×전선(M)−(M)(수−수)

번호	부품이름	수량
❶	케이스	1
❷	수암점퍼선	1묶음
❸	신호등 LED 모듈	1
❹	삼색 LED 모듈	1
❺	팬모터	1
❻	MAX7219 도트매트릭스	1

번호	부품이름	수량
❼	I2C LCD 모듈	1
❽	SG90 서보모터	1
❾	가스감지센서모듈(MQ135)	1
❿	토양수분센서	1
⓫	조도센서	1
⓬	수수점퍼선	1묶음

▶ **지속가능한 인공지능 AI 18개 작품 만들기 키트 구매 안내** : 《《지속가능한 인공지능 AI 18개 작품 만들기》》 키트는 안내된 구성품을 포함하고 있습니다. 단, 아두이노 우노 보드 옵션 상품은 필요하신 분만 선택해서 구매하시면 됩니다.

▶ 키트명 : 지속가능한 인공지능 AI 18개 작품 만들기
▶ 구매처 : 다두이노
▶ 쇼핑몰 : www.daduino.co.kr

Contents
목차

Contents
목차

PART 03
인공지능 엠블록

Contents
목차

Contents

목차

PART 04
인공지능 SDGs 프로젝트

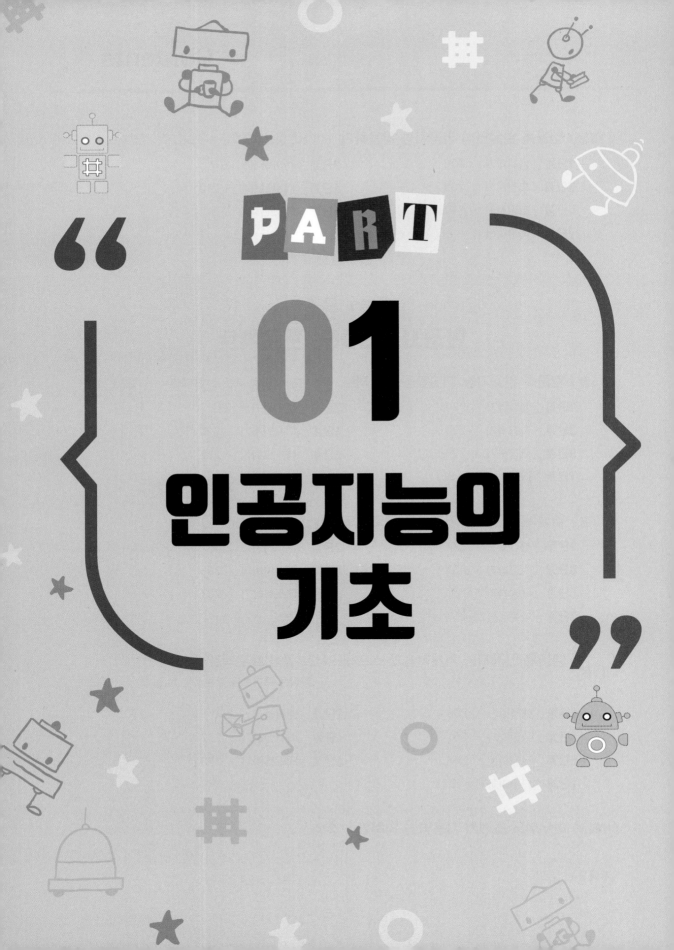

PART

01

인공지능의 기초

인공지능이 무엇인지, 실생활 주변에 인공지능이 사용되는 사례는 어떤 것이 있는지 살펴봅니다.

또한, 인공지능 학습방법과 인공지능, 머신러닝, 딥러닝 용어를 알아봅니다. 티처블머신을 통해서 인공지능 학습과정을 알아봅니다.

아두이노로 지속가능한 사회를 위한 프로젝트 만들기를 위해 아두이노가 무엇인지, 전기는 무엇인지 알아봅니다.

〈1장〉 인공지능 알아보기

학습목표 ▶
- 인공지능이 무엇인지 설명할 수 있습니다.
- 실생활에 적용된 인공지능 사례를 설명할 수 있습니다.
- 인공지능, 머신러닝, 딥러닝 용어를 설명할 수 있습니다.

"오늘 날씨 알려줘", "BTS 음악 틀어줘" 등 인공지능 스피커를 사용해 보았나요?

우리는 생활 속에 다양하고 편리한 인공지능을 만나고 있습니다. 인공지능과 함께 미래사회를 살아가기 위해서 인공지능이 무엇인지 알아보기로 합니다.

1 ▶ 인공지능(人工知能:artificial intelligence, AI)은 무엇인가요?

'인공지능'은 단어 그대로 사람이 만든 지능입니다.

'인공지능'은 인간처럼 생각하고 행동하는 컴퓨터 프로그램입니다.

인공지능은 인간의 도움 없이 스스로 학습하고 문제를 해결하는 능력입니다.

인공지능은 인간의 학습 능력, 추론 능력, 지각 능력을 인공적으로 구현하려는 컴퓨터 과학의 세부분야 중 하나입니다.

> 지능의 지(知:알 지)는 '알다. 깨닫다. 분별하다. 기억하다. 들어서 알다. 보아서 알다.'
> 지능의 능(能:능할 능)은 '잘하다. 보통이상으로 잘하다.'입니다.

지능은
1. 계산이나 문장 작성 따위의 지적 작업에서, 성취 정도에 따라 정하여지는 적응 능력.
2. 지혜와 재능을 통틀어 하는 말
3. 새로운 대상이나 상황에 부딪혀 그 의미를 이해하고 합리적인 적응 방법을 알아내는 지적 활동의 능력

-출처: 국립국어원 표준국어대사전-

인공지능은 지능의 지(知:알지) 단어 뜻처럼 알고, 깨닫고, 분별하고, 기억하고, 들어서 알고, 보아서 알게 되는 학습과정을 하게 됩니다. 인간이 학습하는 과정을 흉내 낸 것입니다.

사회와 문명이 발달할수록 복잡한 현대 사회에 인간은 많은 데이터(정보)를 빠르게 처리하고 정확한 결정을 내려야 합니다. 인간보다 계산을 잘하는 컴퓨터를 학습시켜 인간의 결정과 판단에 도움으로 사용합니다. 인간만이 가지고 있는 지능을 이제는 인간이 만들어서 편리하게 사용하는 시대에 살고 있습니다.

2 ▶ 실생활에 사용되는 인공지능은 무엇이 있나요?

인공지능은 우리가 알고 있는 것보다 더 많은 곳에서 사용되고 있습니다. 가장 많이 사용하고 있는 '음성인식' 인공지능 서비스는 사람의 요청을 인식하고 응답하는 가상비서 인공지능 스피커가 있습니다.

'챗봇' 기술도 사람의 언어, 억양을 이해하고 처리하는 인공지능 기술입니다. 사람을 대신해서 기사를 쓰는 '인공지능 기자'도 있습니다.

'헬스케어' 분야에서는 질병을 예측하고 의료영상으로 각종 암을 판단하는 데 사용하고 있습니다.

'벌구하기 프로젝트'도 인공지능 기술을 사용합니다. 기후 변화로 벌 개체 수가 감소 중인데 사물인터넷 센서, 카메라 등을 통해 데이터를 수집해서 벌이 잘 살아가도록 돕습니다.

'기아구제' 분야에서는 세계 기아 위기를 끝내기 위해 농작물 개발과 식량 가격 상승, 가뭄 등으로 식량 공급위기 지역을 파악하기도 합니다.

'자율주행자동차'는 자동차 스스로가 운전과 위험을 판단하는 기술입니다.

'아마존고(Amazon Go)'는 고객이 구매하는 상품을 카메라 센서의 영상 정보를 통해 실시간으로 계산하는 무인 식료품점입니다.

'자동번역기', '스마트폰의 얼굴인식', '인공지능 아트', '인공지능 교육프로그램', '작곡, 작사', 유튜브의 '추천알고리즘'도 있습니다.

◆챗봇 AI

◆헬스케어 AI

◆ AI 음성인식 스피커

❝ 인공지능은 어떻게 주변을 인식할까요?

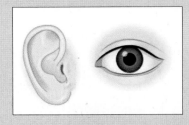

사람은 귀와 눈을 통해 주변의 소리를 듣고 볼 수 있습니다. 인공지능도 마이크, 카메라를 통해 주변 사물의 소리와 이미지, 영상을 인식할 수 있습니다.

3 ▶ 인공지능, 머신러닝, 딥러닝은 다른 것인가요?

인공지능을 이야기하게 되면 머신러닝(기계학습), 딥러닝(심층학습)이라는 단어가 나옵니다. 인공지능(Artificial Intelligence), 머신러닝(Machine Learning), 딥러닝(Deep Learning) 은 어떤 것인지 알아봅니다. 인공지능은 큰 범위로 머신러닝을 포함하고 머신러닝은 딥러닝을 포함합니다.(인공지능〉머신러닝 〉딥러닝)

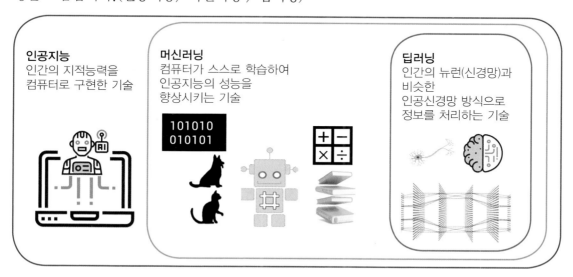

머신러닝은 기계가 스스로 학습하는 방법으로 아기가 태어나서 세상의 수많은 데이터(정보) 속에서 어머니 또는 선생님으로부터 교육을 받는 것처럼, 수많은 데이터를 학습하고 기억하는 방법입니다.

예를 들면 수많은 고양이와 강아지 그림을 보여주며 기계를 학습시킵니다.

고양이 특징 기억하기
강아지 특징 기억하기

머신러닝은 기계가 학습할 때 사람이 특징을 알려주거나 사람이 만든 알고리즘으로 정보를 분석하는 방법입니다. 머신러닝은 이러한 훈련을 통한 학습으로 결과를 예측합니다.

다음 그림은 가짜약과 진짜 약을 예측하는 (17장 엠블록 인공지능 기계학습 프로젝트) 학습 결과입니다.

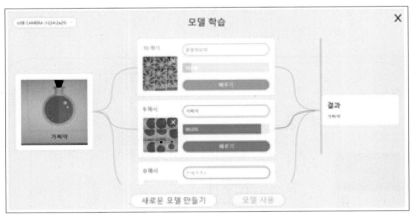

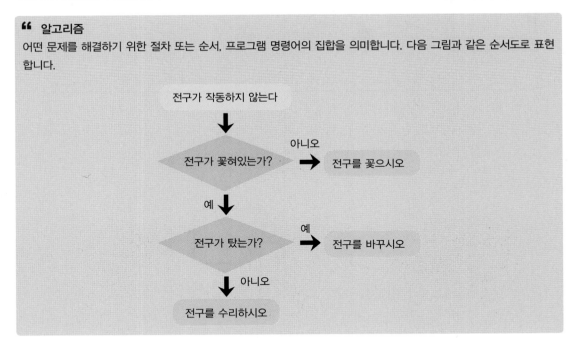

❝ 알고리즘

어떤 문제를 해결하기 위한 절차 또는 순서, 프로그램 명령어의 집합을 의미합니다. 다음 그림과 같은 순서도로 표현합니다.

딥러닝은 인간의 두뇌 신경망을 본떠서 학습하는 인공신경망으로 정보의 특징을 스스로 발견하고 분류하는 방법입니다.

다음 그림에서 눈의 색깔, 코 높이 등 얼굴 정보를 통해서 사람의 두뇌에서 호감인지 비호감인지를 판단합니다.

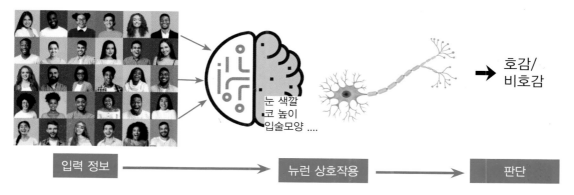

이처럼 딥러닝도 기계 스스로가 주어진 얼굴 입력 정보와 결과에 따른 수학 함수를 스스로 만들어서 적용하는 방법입니다.

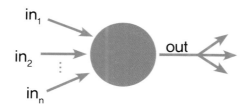

이러한 머신러닝과 딥러닝은 빅데이터 기술과 컴퓨터 하드웨어의 연산 처리속도가 빨라졌기 때문에 가능한 방법입니다.

머신러닝의 학습방법(지도학습, 비지도학습, 강화학습) 알아보기

인공지능 중 머신러닝에서 사용하는 학습방법에 대해 좀 더 알아봅니다. 아기는 태어나서 세상의 모든 사람, 물건이 다 새롭습니다. "이것은 우유고, 저것은 사과이고, 또 저것은 연필이고, 나는 엄마란다." 이러한 반복되는 학습과 경험을 토대로 지능이 발전합니다.

머신러닝의 학습방법은 지도학습, 비지도학습, 강화학습이 있습니다.

• 지도학습은 가장 간단하고 익숙한 학습방법입니다. 어린아이에게 그림판을 이용하여 물건의 이름과 그림 내용을 가르치는 것과 같습니다.

동물 그림방			
앵무새	너구리	다람쥐	호랑이
토끼	사슴	부엉이	원숭이
곰	거북이	기린	소
하마	얼룩말	코끼리	사자

과일 그림방			
레몬	감	블루베리	수박
키위	파인애플	체리	귤
바나나	딸기	복숭아	메론
포도	레몬	배	사과

1010
1010
1010
1010

학생은 문제집의 문제를 풀고 정답을 맞춰봅니다. 계속해서 문제와 정답을 비교해서 맞추다 보면, 문제 풀이에 익숙하게 됩니다. 머신러닝의 지도학습은 문제집으로 학생을 가르치듯이 이름표가 있는 자료를 컴퓨터에게 학습시켜서 시험 보러 갈 모델을 만드는 방식입니다.

• 비지도학습은 다음의 메모리 카드 게임 방식을 생각해봅니다.

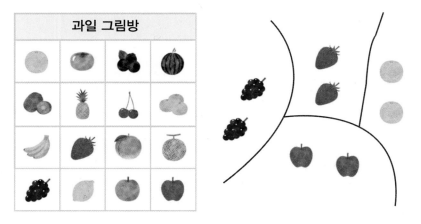

메모리 게임을 할 때 그림의 이름을 몰라도 같은 그림을 찾아내며 게임을 합니다. 비지도학습은 정답을 알려주지 않아도, 이름이 없는 데이터에서 규칙이나 관계를 알아내는 방법입니다.

- 강화학습은 게임의 경우를 생각해보면 됩니다.

게임을 하면서 얻은 보상 점수를 통해서 더 많은 보상 점수를 받기 위한 행동을 하게 됩니다.

이러한 과정을 반복하다 보면 어떻게 해야 점수를 얻게 되는지 또는 잃게 되는지를 알게 되고 게임의 고수가 됩니다. 바둑으로 인간을 이긴 알파고는 강화학습을 통해서 구현된 소프트웨어입니다. 자율주행자동차의 주차 능력을 향상하는 방법도 강화학습으로 만들 수 있습니다.

티처블 머신(Teachable Machine)

티처블머신은 구글에서 만든 머신러닝 학습 도구입니다. 누구나 머신러닝 모델을 쉽고 빠르고 간단하게 만들 수 있도록 제작된 웹 기반 도구입니다. 티처블머신을 통해서 나만의 인공지능 모델을 만들고 인공지능 학습과정을 알아봅니다.

1 _ 티처블머신(Teachable Machine) 인공지능 학습 도구 알아보기

티처블머신은 아래와 같이 샘플 데이터를 모으기 => 학습시키기 => 모델 미리보기/내보내기 과정을 통해서 인공지능 모델을 만들어서 사용합니다.

기계(컴퓨터)가 데이터를 학습하는 과정을 티처블머신을 통해 알아봅니다. 이미지 인식, 음성 인식, 텍스트 인식, 동작 인식, 감정 인식 등 데이터를 인식하는 여러 가지 방법 중 이미지 인식을 하고 모델을 만드는 과정을 알아봅니다.

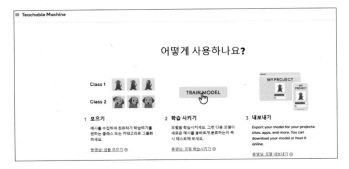

2 _ 티처블머신 홈페이지 접속

주소 창에 아래 주소링크를 입력하고 티처블머신 홈페이지에 접속합니다.

- https://teachablemachine.withgoogle.com/

또는 "티처블머신"을 입력하여 검색한 후 다음 Teachable Machine에 접속합니다.

홈페이지에 접속하면 다음 첫 화면이 나옵니다. [시작하기]를 클릭합니다.

3 _ 인공지능 학습 모델 만들기

이미지 프로젝트는 파일 또는 웹캠을 사용해서 이미지를 분류하는 모델을 생성합니다.

오디오 프로젝트는 짧은 사운드 샘플을 녹음하여 오디오를 분류하는 모델을 생성합니다.

포즈 프로젝트는 파일을 사용하거나 웹캠에서 자세를 취하여 몸의 자세를 분류하는 모델을 생성합니다.

이미지프로젝트를 클릭하여 이미지 학습모델을 만듭니다.

이미지 샘플 추가, 모델을 학습, 모델 미리보기 순서로 실습을 합니다.

준비물은 각자 다양한 이미지를 준비합니다. 책에서는 곰, 펭귄, 배경을 준비하였습니다.

• **1단계: 샘플 데이터 모으기** – [이미지 프로젝트]를 선택합니다.

- [표준이미지 모델]을 선택합니다.

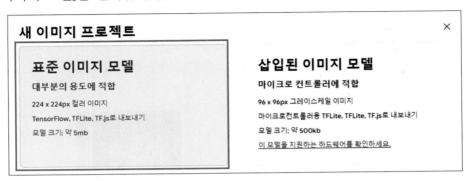

- [Class] 부분의 연필 아이콘을 클릭하여 이미지를 분류하고자 하는 이름으로 변경할 수 있습니다. 이미지 샘플 추가는 [웹캠] 또는 [업로드]를 통해서 이미지를 업로드 할 수 있습니다.

- [Class1]을 곰으로 변경하고, [웹캠]을 누르면 웹캠 카메라에 이미지가 보입니다.

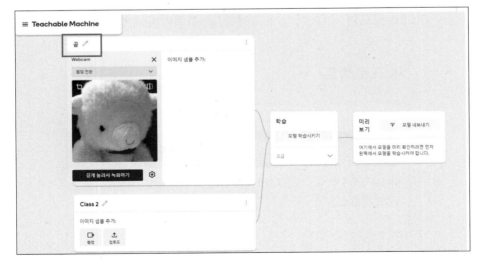

−[길게눌러서녹화하기]를 클릭하여 여러 장의 이미지 샘플 추가를 합니다.

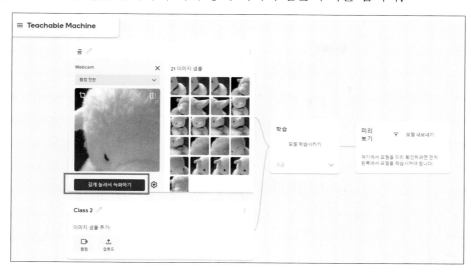

− [Class2]를 펭귄으로 변경하고, [웹캠]과 [길게눌러서녹화하기]를 클릭하여 여러 장의 펭귄 이미지 샘플 추가를 합니다.

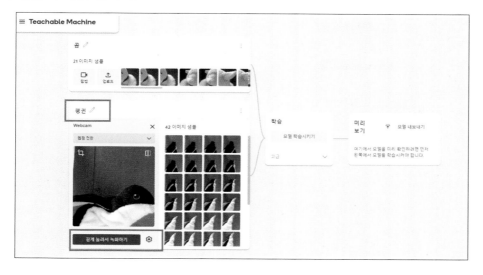

− [+클래스추가]를 클릭하고 Class3를 배경으로 변경하고, [웹캠]과 [길게눌러서녹화하기]를 클릭하여 여러 장의 배경 이미지 샘플 추가를 합니다.

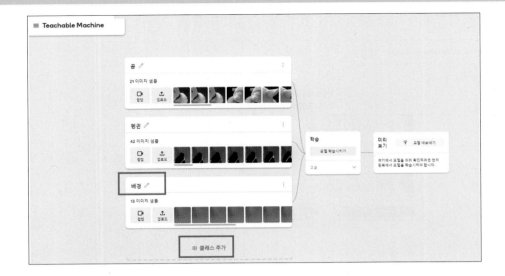

- ## 2단계: 학습시키기

학습의 [모델학습시키기]를 클릭하면 모델 학습이 시작됩니다.

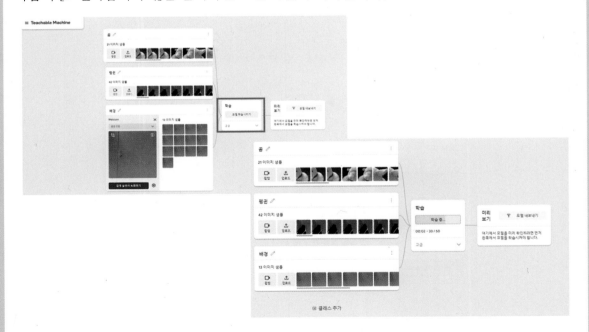

- **3단계: 학습모델 미리보기 또는 모델 내보내기**

학습된 모델을 미리보기 창을 통해서 곰, 펭귄, 배경을 보여주고 출력결과를 확인합니다.

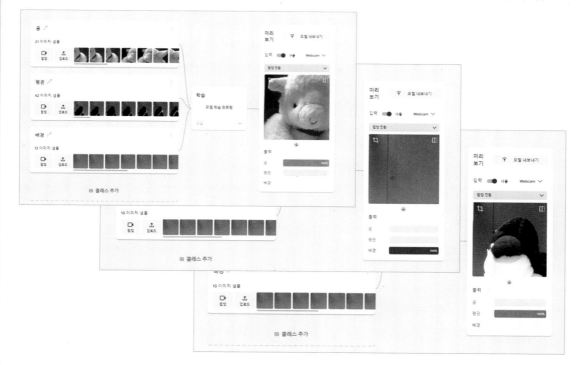

모델 학습의 출력결과 거의 100%의 정확도를 나타냅니다.

실습 결과 동영상 QR코드

https://youtu.be/4QljHN73LwA

〈2장〉 인공지능과 아두이노의 만남

학습목표 ▶
- 아두이노가 무엇인지 설명할 수 있다.
- 아두이노 전기회로를 이해하고 관련부품을 설명할 수 있다.

인공지능을 활용한 스마트 화분 프로젝트, 꿀벌검사 인공지능 로봇 프로젝트를 만들어봅니다.

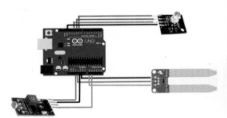
예 스마트 화분 프로젝트

예 꿀벌검사 인공지능 로봇 프로젝트

엔트리와 엠블록으로 코딩 후 회로를 구성하고 인공지능 프로젝트를 만드는데 아두이노 보드를 사용합니다.

1 ▶ 아두이노는 무엇인가요?

다음은 아두이노 우노(Arduino Uno)입니다.

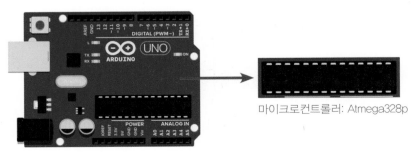

마이크로컨트롤러: Atmega328p

아두이노는 외부 센서로부터 입력을 받고 회로에 연결 된 부품들을 제어할 수 있는 보드입니다. 아두이노는 컴퓨터에서 아두이노 통합개발환경을 설치하여 아두이노 보드를 제어하는 프로그램을 작성하여 사용합니다.

아두이노 보드에는 사람의 두뇌와 같은 마이크로컨트롤러가 있어서 필요한 프로그램을 만들 수 있습니다. 아두이노는 마이크로컨트롤러에 여러 가지 센서, 액츄에이터와 같은 전자부품들을 연결하여 사용하도록 만들어진 보드입니다.

우리는 아두이노 보드에 전기회로를 구성하고 프로그램을 작성하고 제어하는 실습과정을 엔트리와 엠블록으로 진행합니다. 아두이노 스케치 코드 작성방법은 부록에서 안내합니다.

다음은 아두이노로 또는 엔트리, 엠블록으로 만들 수 있는 프로젝트입니다.

 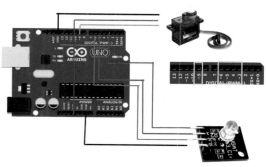

환경을 위한 재활용분리수거안내로봇

아두이노 드론   스마트화분   아두이노 자동차

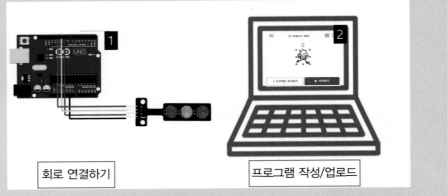

회로 연결하기   프로그램 작성/업로드

1 아두이노 보드에 센서 또는 액츄에이터를 연결합니다.

2 엔트리 또는 엠블록으로 프로그램을 작성합니다.

3 작성된 인공지능 프로그램을 아두이노 보드에 업로드하고 잘 작동되는지 확인합니다.

아래 그림에 아두이노 보드를 살펴봅니다.

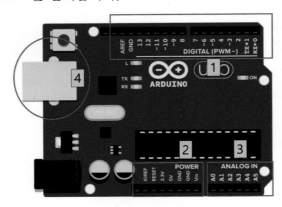

❶ DIGITAL(PWM∼): 0번 핀 ∼ 13번 핀은 디지털 출력핀으로 사용할 수 있습니다.

         : ∼물결표시가 있는 핀은 아날로그 출력핀으로 사용할 수 있습니다. (3, 5, 6, 9, 10, 11)

❷ POWER : 아두이노에 전원부로 5V, 3.3V, GND를 사용할 수 있습니다.

❸ ANALOG IN : 아날로그 입력 핀으로 사용할 수 있습니다.

❹ USB 연결포트 : 컴퓨터와 연결하여 프로그램을 업로드합니다.

> **디지털(Digital)과 아날로그(Analog)**
> * 디지털: 디지털은 0과 1로 이루어져 있으며, 디지털의 어원은 digit로 손가락으로 세다에서 유래되었다고 합니다. 아두이노에서는 Gnd, 5V값을 나타내고 LED를 끄다, 켜다로 사용합니다.
> * 아날로그: 아날로그는 어떤 양 또는 데이터가 연속적으로 변하는 물리량을 말합니다. 예를 들어 목소리, 모터의 속도, 바람의 세기 등 연속적인 데이터를 말합니다.

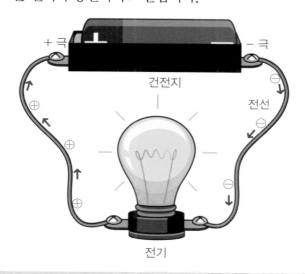

2 ▸ 아두이노 전기회로 기초와 관련 부품

2_1 전기란 무엇인가요?

더운 여름에 에어컨을 켜려면 전기가 필요합니다. 어두운 곳을 밝게 하기 위해서는 스위치를 누르면 전등에 불이 들어옵니다. 이렇게 실제 생활에서 전자제품을 움직이게 하는 것이 바로 전기입니다. 전기는 영어로 Electricity(일렉트리시티)인데, 호박(elektron)이라는 보석에서 유래되었습니다. 호박보석을 문지르면 털이 달라붙는 현상을 탈레스가 발견하여 붙여진 이름입니다. 우주에 존재하는 모든 물체는 분자보다 더 작은 원자라는 작은 입자로 이루어져 있는데, 원자 안에 있는 자유전자가 바깥으로 이동하여 생기는 에너지를 전기라고 말합니다.

이때 전류가 흐른다 또는 전기가 통한다라고 말합니다.

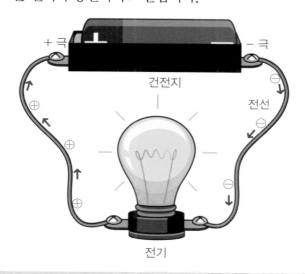

- 도체: 은, 구리, 금, 알루미늄 등 금속으로 자유전자가 많아 전기가 잘 통하는 물체
- 부도체: 고무, 나무, 유리, 플라스틱 등 자유전자가 없어 전기가 통하지 않는 물체
- 반도체: 외부에서 주어지는 전압이나 열, 빛의 파장에 따라 전기가 통하는 물체

※ 도체는 전기가 잘 통해 사람이 인위적으로 제어를 할 수 없고, 반도체는 인공적인 조작으로 물질의 성질을 바꿀 수 있습니다.(예: LED 켜고 끄기)

전류는 흐르는 물과 같이 전압이 높은 곳에서 낮은 곳으로 흐릅니다.

- 전류: 전자의 흐르는 현상이며 전기가 흐르는 양을 나타냅니다. 전류 값이 클수록 흐르는 전류가 많습니다.
- 전압: 전류를 흐르게 하는 힘으로, 전압이 높을수록 전류가 많이 흐릅니다. 두 지점 사이를 전위차 또는 전압차라고 합니다.

- 저항: 도체에서 전기의 흐름을 조절하는 것으로 흐름을 방해하는 정도나 물질을 말합니다. 저항은 LED와 같은 부품들이 과전류로 망가지는 것을 방지합니다.

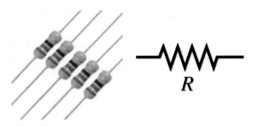

저항

구분	표시 기호	단위
전압	V (Voltage)	V (Volt,볼트)
전류	I (Intensity)	A (Ampere,암페어)
저항	R (Resistance)	Ω (Ohm,옴)

다음은 전압과 전류, 저항의 관계를 나타내는 옴의 법칙입니다.

전압 = 전류 * 저항 (V = I * R)

2_2 전기회로 관련부품 알아보기

• 전선

전기를 전달하기 위한 선으로 부품을 연결하여 사용합니다. 암암, 암수, 수수 종류가 있습니다.

• 브레드보드

판의 구멍에 부품을 끼워 납땜을 하지않고, 시험용 회로를 구성할 수 있습니다.

브레드보드의 내부구조는 전선의 집합으로 이해하면 됩니다.

5V, GND전원을 연결하는 전원부와 부품을 연결하는 회로부가 있습니다.

브레드보드를 뒤를 분해해보면 철판으로 연결되어 있습니다.

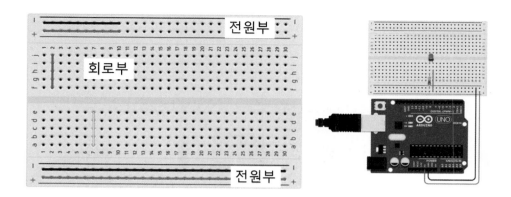

• 센서

사람이 눈, 귀, 코, 촉감 등을 통해서 정보를 얻는 것과 같이 아두이노에서 사용하는 센서는 무엇인가를 감지하는 장치로 정보를 얻어 다른 부품을 제어하는 데 사용합니다.

센서가 수집하는 정보는 온도, 빛, 색, 압력, 속도, 인체감지 등이 있습니다.

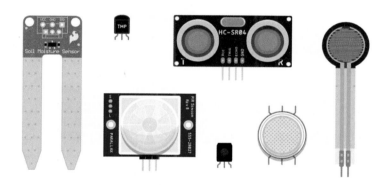

◆ 토양수분센서, 온도센서, 인체감지센서, 초음파센서, 적외선센서, 가스감지센서, 휨센서

• 액츄에이터

작동장치로 프로그램의 제어 값에 따라 동작시킬 수 있는 장치를 말합니다.

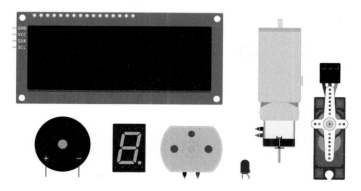

◆ I2C LCD, 피에조부저, Fnd, DC모터, LED, 서보모터

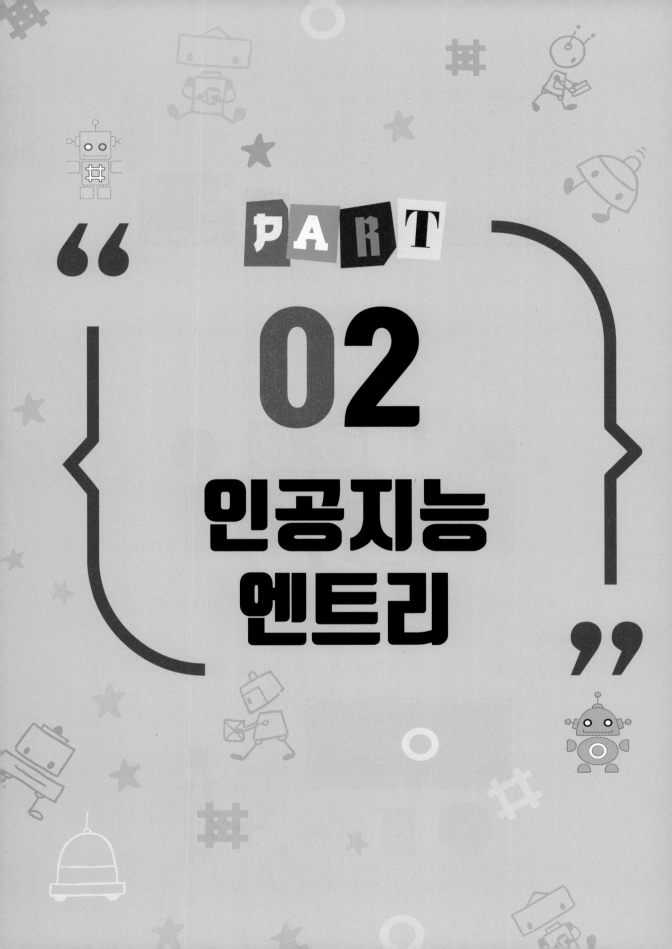

PART

02

인공지능
엔트리

엔트리에서 제공하는 인공지능 블록들을 이용해 작품을 만드는 활동으로 구성되어 있습니다.

엔트리에서는 [번역]과 [비디오감지], [오디오감지], [읽어주기] 의 4종류의 인공지능 블록이 제공되어 있고, [인공지능 모델 학습하기]를 통해 [이미지], [텍스트], [음성], [숫자]데이터를 활용한 인공지능 모델을 만들 수 있습니다.

여러분은 엔트리의 인공지능 블록과 인공지능 모델을 사용해 멋진 인공지능 프로그램을 만들 수 있습니다.

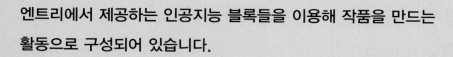

〈3장〉 엔트리 인공지능 번역 & 읽어주기 활용하기

| 작품명 ▶ | 세계여행 도우미 번역 친구 | 4 모두를 위한 양질의 교육 | 레벨 ★☆☆☆☆
완성 프로그램
03_번역친구.ent |

학습목표 ▶
- 엔트리 인공지능 블록을 불러올 수 있습니다.
- 번역과 읽어주기 기능을 활용한 프로그램을 만들 수 있습니다.

1단계 ▶ 생각열기

1 _ 알아보기

인공지능 스피커를 본 적이 있을 겁니다.

인공지능 스피커에는 음성을 인식하는 기술과 원하는 정보를 음성으로 들려주는 음성변환 기술 등 다양한 인공지능 기술이 사용되고 있습니다.

이 외에도 외국어를 모르더라도 여러 언어로 소통할 수 있는 번역기능, 이미지나 글자를 인식하는 인식기능 등 여러 인공지능 기술이 우리 생활 속에서 활발하게 사용되고 있습니다.

여러분이라면 번역과 음성변환, 음성인식 기술을 어디에 활용할 수 있을지 생각해 봅시다.

2 _ 미션 확인하기

엔트리 인공지능 블록인 "번역"과 "읽어주기" 기능을 활용해 한국어를 다양한 외국어(영어, 중국어, 스페인어)로 번역하고 이것을 읽어주는 프로그램을 만들어 보려고 합니다.

시작화면	영어로 번역
선택언어 영어 🎤 듣고 있어요	선택언어 영어 Good morning. Nice to meet you

실습 결과 동영상 QR코드
https://youtu.be/JeC9JUAHzos

2단계 ▶ 준비하기

키워드 │ 번역, 음성인식, 음성변환(TTS)

1 _ 엔트리 로그인과 가입하기

엔트리에서 [인공지능 모델 학습하기]를 비롯해 엔트리가 제공하는 다양한 기능을 사용하기 위해서는 로그인을 해야 합니다.

엔트리 사이트(https://playentry.org/)로 들어가 [로그인] 버튼을 클릭합니다.

아이디가 있다면 바로 로그인을 할 수 있습니다.

엔트리 로그인 아이디가 없다면 회원가입을 합니다.

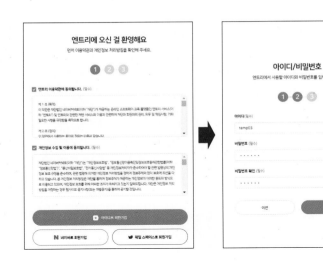

2 _ 엔트리 들어가기

엔트리 사이트(https://playentry.org/)로 들어가 [만들기] 메뉴를 선택합니다. [작품 만들기]메뉴를 클릭하면 온라인 상태에서 코딩을 할 수 있는 엔트리 에디터가 나타납니다.

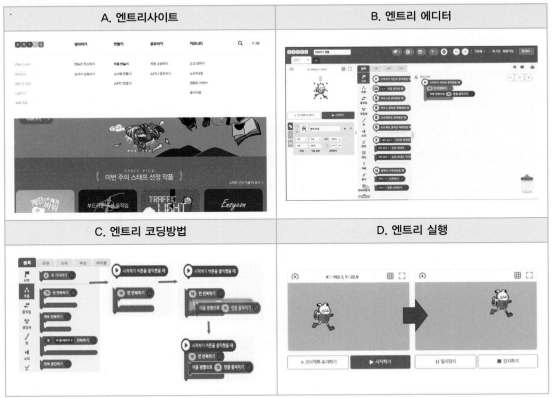

TIP 이 책에서는 엔트리의 인공지능 블록들을 사용하기 위해 엔트리 온라인 에디터를 사용합니다. (엔트리는 업데이트가 자주 발생하기 때문에 여러분이 엔트리에 들어가는 시점에 엔트리화면의 모습은 달라질 수 있습니다.)

1. 인공지능 블록 불러오기

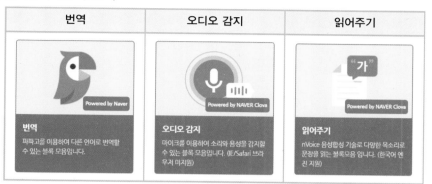

번역	오디오 감지	읽어주기
번역 파파고를 이용하여 다른 언어로 번역할 수 있는 블록 모음입니다.	**오디오 감지** 마이크를 이용하여 소리와 음성을 감지할 수 있는 블록 모음입니다. (IE/Safari 브라우저 미지원)	**읽어주기** nVoice 음성합성 기술로 다양한 목소리로 문장을 읽는 블록모음 입니다. (한국어 엔진 지원)

1 인공지능 서비스를 이용하기 위해 인공지능블록을 추가합니다. 인공지능블록은 인터넷이 연결되어 있어야 정상적으로 동작합니다.

> **TIP** 인공지능 블록 불러오기 메뉴는 로그인을 하지 않아도 사용할 수 있지만 엔트리의 다양한 기능을 사용하려면 로그인을 하도록 합니다.

2 블록 꾸러미 하단에서 〈 🔄 움직임 〉 인공지능〉블록꾸러미에서 [인공지능 블록 불러오기]를 선택하면 확장 가능한 기능들이 나타납니다.

3 "번역"과 "오디오 감지", "읽어주기" 기능을 선택하고 [불러오기]버튼을 클릭합니다.

[1단계]코딩은 "번역"과 "읽어주기" 기능을 사용하고,

[2단계]코딩은 "번역"과 "읽어주기", "오디오 감지" 기능을 사용합니다.

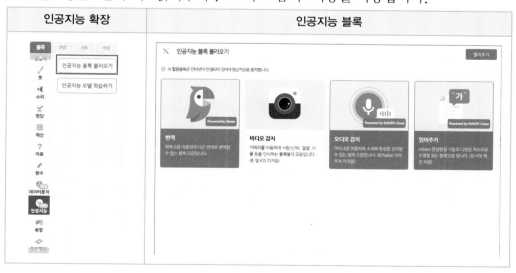

4 "번역"블록은 다른 언어로 번역할 수 있는 블록모음이고,

"오디오 감지"블록은 소리와 음성을 감지할 수 있는 블록모음입니다.

(인터넷 익스플로어(IE)와 사파리 브라우저는 지원하지 않습니다.)

"읽어주기"블록은 다양한 목소리로 글자를 읽어주는 블록모음입니다.(한국어)

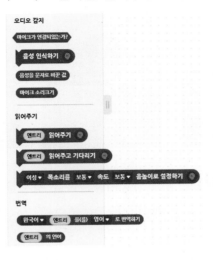

4단계 ▶ 디자인하기

1 _ 화면구성하기

화면구성을 위해 [+오브젝트 추가하기]를 누르고 원하는 배경 오브젝트를 골라 추가합니다.

주인공 오브젝트인 "엔트리봇 표정"오브젝트도 같은 방식으로 추가합니다. 오브젝트 목록에서 사용하지 않는 "엔트리봇"오브젝트는 [X]를 눌러 삭제합니다.

배경 오브젝트	오브젝트
그라데이션	엔트리봇 표정

5단계 ▶ 코딩하기

1 _ 오브젝트 주요블록 알아보기

꾸러미	블록	설명
인공지능	한국어 ▼ 엔트리 을(를) 영어 ▼ 로 번역하기	번역하고자 하는 문장을 앞부분에 선택한 언어에서 뒷부분에 선택한 언어로 번역하는 블록입니다.
	음성 인식하기	사용자의 음성을 인식하는 블록입니다.
	음성을 문자로 바꾼 값	음성 인식된 결과를 문자로 바꿔 보여주는 블록입니다.
	엔트리 읽어주기	입력한 텍스트를 음성으로 말해주는 블록입니다.
	엔트리 읽어주고 기다리기	"읽어주고 기다리기"블록은 읽기가 끝날 때까지 다른 동작을 하지 않습니다.
시작	오브젝트를 클릭했을 때	오브젝트를 클릭하면 연결된 블록들을 실행합니다.
흐름	만일 참 (이)라면	만일 판단이 참이라면 감싼 블록들을 실행합니다.
생김새	안녕! 을(를) 4 초 동안 말하기 ▼	오브젝트가 입력한 내용을 입력한 시간동안 말풍선으로 말합니다.
? 자료	선택언어 ▼ 를 10 (으)로 정하기	변수 "선택언어"의 값을 입력한 값(10)으로 정합니다.
	선택언어 ▼ 값	변수 "선택언어"에 저장된 값입니다.

TIP [자료]블록꾸러미의 변수 블록들은 변수를 만들고 난 후에 보이는 블록입니다. 변수만들기는 [2. 오브젝트 코딩하기]를 참고합니다.

2 _ 오브젝트 코딩하기 (1단계)

번역블록을 사용하여 사용자가 입력한 문장을 번역하는 기능을 구현합니다.

1 〈 [?자료] 자료 〉 [변수만들기] 메뉴를 선택합니다. 변수이름에 "선택언어"를 입력하고 [확인]버튼을 클릭합니다.

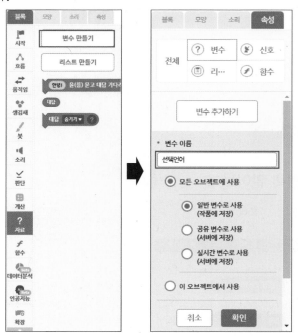

2 〈 [시작] 시작 〉 [시작하기 버튼을 클릭했을 때]블록, 〈 [생김새] 생김새 〉 [(안녕!)을 (4초)동안 말하기]블록을 사용해 번역을 시작하기 위해 오브젝트를 클릭하라고 안내합니다.

3 〈 [시작] 시작 〉 [오브젝트를 클릭했을 때] 〈 [?자료] 자료 〉 [(안녕!)을 묻고 대답 기다리기] 블록을 사용해 어떤 언어로 번역할 것인지 묻고 "선택언어"변수에 사용자가 입력한 〈 [?자료] 자료 〉 [대답]을 넣습니다. (영어로 번역을 원하면 1번 키를, 중국어는 2번 키, 스페인어는 3번 키를 누르면 선택이 됩니다.)

4 선택한 언어에 따라 〈 흐름 〉[만약 〈참〉이라면]블록을 사용해 조건식을 만듭니다. 조건식에 들어갈 판단부분은 〈 판단 〉〈(10) = (10)〉블록과 〈 자료 〉[선택언어 값] 블록을 사용해 아래와 같이 만듭니다.

선택한 언어에 따라 번역할 문장을 입력받아 〈 인공지능 〉[한국어 (엔트리)를 영어로 번역하기]와 〈 생김새 〉[(안녕!)을 (4초)동안 말하기]블록을 사용해 번역한 문장을 말하도록 합니다.

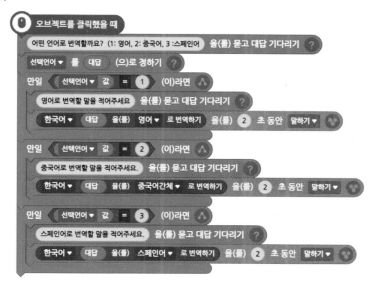

아래는 프로그램을 실행한 모습입니다.

3 _ 오브젝트 코딩하기 (2단계)

이번에는 문장을 입력하는 대신 인공지능의 [오디오감지]음성인식 기능과 [읽어주기]음성 변환을 사용해 음성으로 번역 하려는 언어를 선택하고, 번역할 문장을 이야기합니다. 인식 된 문장은 선택한 언어로 번역해 다시 음성으로 들려주도록 프로그램을 업그레이드 해 보 겠습니다.

1 〈 시작 〉 [오브젝트를 클릭했을 때]블록 부분입니다. [묻고 대답 기다리기]블록을 인공지능 [읽어주기]로 바꿔줍니다.

〈 인공지능 〉[음성 인식하기]블록을 사용해 음성을 인식합니다. 인식된 음성은 〈 인공지능 〉[음성을 문자로 바꾼 값]을 이용해 "선택언어"변수에 넣어줍니다. 〈 인공지 능 〉[(엔트리) 읽어주고 기다리기]블록을 사용해 어떤 문장을 번역할지 물어봅니다.

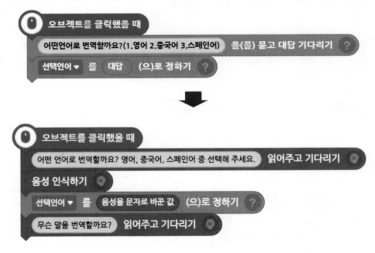

[시작하기]를 눌러서 음성인식 준비가 잘 되었는지 확인합니다.

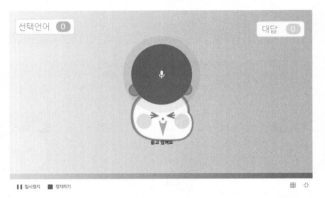

2 조건식 부분도 수정해 보겠습니다. 선택한 언어에 따라〈 🔵 인공지능 〉[한국어 (엔트리)를 영어로 번역하기] 와 〈 🔵 인공지능 〉[(엔트리) 읽어주기]블록을 사용해 번역한 문장을 음성으로 말하도록 코딩합니다. 아래는 선택한 언어가 "영어"일 경우입니다.

중국어와 스페인어도 동일하게 수정합니다.

3 여기까지 코딩하면 완성입니다.

6단계 ▶ **테스트하기**

1 중국어로 번역하려면 음성인식 중일 때 "중국어"라고 마이크에 선택언어를 이야기합니다. 이후 마이크로 번역하고자 하는 말(한국어)을 하고 인공지능이 중국어로 번역하여 읽어주는지 확인합니다. 아래 실행화면은 "만나서 반갑습니다"를 중국어로 번역한 모습입니다.

2 "영어"와 "스페인어"로도 번역이 잘 되는지 확인합니다.

실행화면	결과화면

7단계 ▶ **마무리하기**

1 언어를 선택할 때 [영어, 중국어, 스페인] 외에 다른 언어를 이야기할 경우 처리방법을 생각해 봅시다. (소스코드 별도제공 03_번역친구_업그레이드.ent)

2 번역친구에 어떤 기능을 더 넣을 수 있을지 생각해 봅시다.

 **〈4장〉 엔트리 인공지능 감지 활용하기**

작품명 ▶	초상권지킴이	16 평화·정의·포용	레벨 ★ ★ ☆ ☆ ☆
			완성 프로그램 04_초상권지킴이.ent

학습목표 ▶
- 비디오 감지 기술에 대해 이해하고 어떻게 활용할지 생각할 수 있습니다.
- 비디오 감지 블록을 활용한 프로그램을 만들 수 있습니다.

1단계 ▶ 생각하기

1 _ 알아보기

건물을 출입할 때 카메라에 얼굴을 보이면 그 사람이 건물에 들어갈 권한이 있는지 확인하는 것을 본 적이 있을 겁니다.

이것은 비디오 감지 기술을 활용하는 것으로 특정한 사람을 찾거나 자율주행차가 주변 사물을 인식하는 등 다양한 분야에서 유용하게 사용되고 있습니다.

여러분은 비디오 감지 기술을 어디에 사용하고 싶은지 생각해 봅시다.

TIP "비디오 감지"는 카메라를 통해 입력되는 여러 사물들을 인식하는 기술입니다.

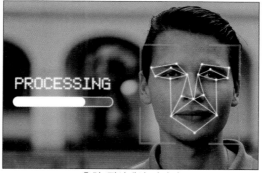

— 출처: 픽사베이 이미지 —

3 _ 미션 확인하기

엔트리 인공지능 블록인 "비디오 감지" 기능을 활용해 카메라에 사람얼굴이 인식되면 사용자의 필요에 따라 오브젝트로 얼굴을 가려주는 "초상권지킴이" 프로그램을 만들어 보겠습니다.

TIP 초상권은 자신의 초상이 허가 없이 촬영되거나 또는 공표되지 않을 권리입니다.   − 출처: 네이버 지식백과 −

실행화면	결과화면

실습 결과 동영상 QR코드
https://youtu.be/iVFSYp3jdbs

2단계 ▶ **준비하기**

키워드 비디오감지, 이미지 인식

1 _ 엔트리 들어가기

엔트리 사이트(https://playentry.org/)로 들어가 [만들기] 메뉴를 선택합니다. [작품 만들기]메뉴를 클릭하면 온라인 상태에서 코딩을 할 수 있는 엔트리 에디터가 나타납니다.

"비디오감지"기능은 로그인을 하지 않아도 사용할 수 있지만 엔트리가 제공하는 다양한 기능을 사용하기 위해서 로그인 후 코딩을 시작합니다.

엔트리 로그인이나 회원가입 방법은 3장. 2단계:준비하기 부분을 참고하면 됩니다.

1 _ 인공지능 블록 불러오기

① 인공지능 서비스를 이용하기 위해 인공지능 블록을 추가합니다. 인공지능 활용블록은 인터넷이 연결되어 있어야 정상적으로 동작합니다.

② 블록 꾸러미 하단에서 〈 인공지능 〉블록꾸러미에서 [인공지능 블록 불러오기]를 선택하면 확장 가능한 기능들이 나타납니다.

③ [비디오 감지]기능을 선택하고 [불러오기]버튼을 클릭합니다.

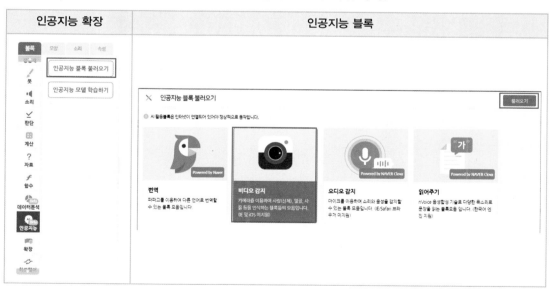

4 〈  인공지능 〉[비디오 감지]블록은 카메라를 이용해 사물이나 사람 등을 인식하는 블록입니다. (인터넷 익스플로어(IE)와 사파리 브라우저는 지원하지 않습니다.)

TIP 비디오 감지블록은 로딩까지 시간이 걸립니다.

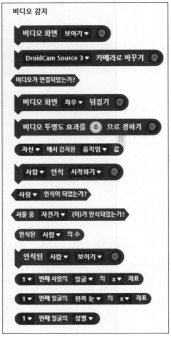

4단계 ▶ 디자인하기

1 _ 화면구성하기

화면구성을 위해 [+오브젝트 추가하기]를 누르고 사용할 오브젝트를 골라 추가합니다.

오브젝트 추가방법은 3장. 4단계 디자인하기를 참고합니다.

이번 장에서 사용할 오브젝트는 "엔트리봇"과 "원" 오브젝트입니다.

"엔트리봇"오브젝트는 이미 추가되어 있기 때문에 "원"오브젝트만 추가합니다.

배경 오브젝트	오브젝트
필요없음	원

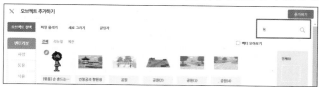

"원"오브젝트가 추가되었다면 다양한 모양으로 얼굴을 가리기 위한 모양 2개를 추가합니다. 모양 추가는 "원"오브젝트가 선택된 상태에서 [모양]탭을 선택하고 [모양 추가하기]버튼을 클릭하면 모양을 추가할 수 있습니다.

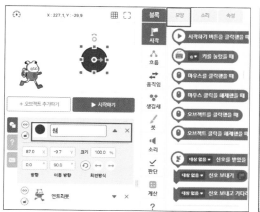
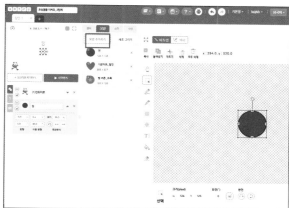

"기본하트_빨강"과 "별 버튼_초록"모양을 검색해 추가합니다.

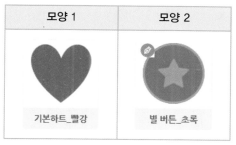

모양 1	모양 2
기본하트_빨강	별 버튼_초록

1 _ 오브젝트 주요블록 알아보기

꾸러미	블록	설명
인공지능 (Beta)	비디오 화면 보이기 ▼	비디오화면이 엔트리 실행화면에 보이도록 할지, 숨길지 정하는 블록입니다.
	사람 ▼ 인식 시작하기 ▼	사람인식 기능을 시작하거나 중지하는 블록입니다.('사람' 글자 화살표를 누르면 사람 / 얼굴/사물을 선택할 수 있습니다.)
	사람 ▼ 인식이 되었는가?	사람이 인식되었는지 알려주는 블록입니다.
	1 ▼ 번째 얼굴의 왼쪽 눈 ▼ 의 x ▼ 좌표	인식된 얼굴의 X좌표와 Y좌표를 알려주는 블록입니다. ('왼쪽 눈'을 선택하면 다른 얼굴 부위를 선택할 수 있습니다.)
시작	시작하기 버튼을 클릭했을 때	시작하기 버튼을 클릭하면 연결된 블록들을 실행합니다.
	오브젝트를 클릭했을 때	선택한 키를 누르면 연결된 블록들을 실행합니다.
흐름	계속 반복하기	감싸고 있는 블록들을 계속해서 반복 실행합니다.
	만일 참 (이)라면	만일 판단이 참이라면 감싼 블록들을 실행합니다.
움직임	x: 0 y: 0 위치로 이동하기	오브젝트를 입력한 x좌표와 y좌표로 이동합니다.
생김새	안녕! 을(를) 4 초 동안 말하기 ▼	오브젝트가 입력한 내용을 입력한 시간동안 말풍선으로 말합니다.
	모양 보이기	오브젝트를 실행화면에 나타냅니다.
	모양 숨기기	오브젝트가 실행화면에 보이지 않게 합니다.
	다음 ▼ 모양으로 바꾸기	오브젝트의 모양을 이전 또는 다음 모양으로 바꿉니다.
	색깔 ▼ 효과를 10 만큼 주기	오브젝트 색깔효과를 입력한 값만큼 줍니다.('색깔'글자 옆 화살표를 선택하면 '밝기'나 '투명도'로 변경할 수 있습니다.)
	크기를 100 (으)로 정하기	오브젝트의 크기를 입력한 값으로 정합니다.
계산	10 - 10	입력한 두 수를 뺀 값입니다.
	10 x 10	입력한 두 수를 곱한 값입니다.

2 _ 오브젝트 코딩하기 (1단계)

카메라가 켜지면 자동으로 "원"오브젝트가 사람의 얼굴 위치로 이동해 얼굴이 보이지 않도록 만들어 줍니다.

[원 오브젝트]

❶ 〈 시작 〉[시작하기 버튼을 클릭했을 때]블록으로 프로그램이 시작되면 〈 인공지능 〉 [비디오 화면 보이기]와 〈 인공지능 〉[얼굴인식 시작하기]을 사용해 카메라가 켜지고, 얼굴인식이 시작되도록  코딩합니다.

TIP 카메라를 여러 개 사용하는 경우 [비디오 화면 보이기]블록 전에 사용할 카메라를 지정하는 블록을 넣어줍니다. (아래 블록에서 카메라의 이름은 다를 수 있습니다.)

❷ 〈 흐름 〉[만약 〈참〉이라면] 블록을 사용해 얼굴이 인식되었는지 확인하고, 〈 생김새 〉 크기를 (100으로 정하기]블록을 안쪽에 넣어줍니다.

❸ "원"오브젝트의 크기를 인식된 얼굴의 크기에 맞도록 만들어 줍니다.

"원"오브젝트의 크기 계산은 〈 계산 〉[(10)-(10)]블록과 〈 계산 〉[(10)x(10)]블록, 〈 인공지능 〉[1번째 얼굴의 왼쪽눈의 x좌표]블록을 이용해 다음과 같이 만듭니다.

만들어진 블록을 아래와 같이 〈 생김새 〉 크기를 (100)으로 정하기]블록에 넣어줍니다. 곱하는 숫자는 오브젝트의 크기에 따라 적절하게 맞춰 줍니다. ("원" 오브젝트는 2.0을 곱하면 적당한 크기가 됩니다.)

4 "원"오브젝트를 〈 움직임 〉 [x:0 y:0 위치로 이동하기]블록을 이용해 얼굴의 위치로 이동시킵니다.

TIP 코가 얼굴의 한가운데 있기 때문에 코로 위치를 맞추어 줍니다.

5 2)~4)까지 만들어진 블록을 〈 흐름 〉 [계속반복하기]블록 안쪽에 넣어줍니다.

6 여기까지 코딩하면 완성입니다. 실행하여 비디오화면에 얼굴 인식이 되는지 확인합니다.

3 _오브젝트 코딩하기 (2단계)

이번에는 원할 때 얼굴을 가릴 수 있도록 프로그램을 업그레이드 해 보겠습니다.
더불어 얼굴을 가리는 오브젝트의 모양도 다양하게 바꾸고, 오브젝트의 투명도를 조정할 수 있도록 기능을 추가해 보겠습니다.

[엔트리봇 오브젝트]

1 〈 시작 〉 [시작하기 버튼을 클릭했을 때]블록을 가져오고, 〈 생김새 〉 [모양보이기][모양숨기기][(안녕!)을 (4초)동안 말하기]블록, 〈 움직임 〉 [x:0 y:0위치로 이동하기]블록을 가져와 다음과 같이 코드를 만듭니다.

〈 생김새 〉[(안녕!)을 (4초)동안 말하기]블록에서 "안녕!"부분을 "스페이스키를 누르면 초상권 보호를 시작합니다."로 바꿔줍니다.

[원 오브젝트]

① (1단계)에서 만든 코드에 다음 부분을 추가합니다.

② 〈 시작 〉[q키를 눌렀을 때]블록을 2개 가져와 "q"부분을 "위쪽 화살표"와 "아래쪽 화살표"로 바꿔줍니다.

TIP 〈 시작 〉[q키를 눌렀을 때]블록에서 "q"옆의 화살표를 누르면 킷값을 바꿀 수 있습니다.

〈 생김새 〉[색깔 효과를 (10)만큼 주기]블록을 2개 가져와 위쪽 화살표를 누르면 투명도 효과를 "10"만큼 주고, 아래쪽 화살표를 누르면 투명도 효과를 "－10"만큼 주도록 만들어 줍니다. 위쪽 화살표를 누를 때 마다 오브젝트가 점점 투명해 집니다.

TIP 〈 생김새〉[색깔 효과를 10만큼 주기]블록에서 "색깔"옆의 화살표를 누르면 "투명도"로 바꿀 수 있고, 숫자를 클릭하면 원하는숫자로 다시 적을 수 있습니다.

③ 같은 방식으로 〈 시작 〉[q키를 눌렀을 때]블록을 2개 가져와 "q"부분을 "왼쪽 화살표"와 "오른쪽 화살표"로 바꿔줍니다.

왼쪽 화살표를 누르면 〈 생김새 〉[다음 모양으로 바꾸기]블록을 〈 생김새 〉[이전 모양으로 바꾸기]로 만들어 넣어줍니다. 오른쪽 화살표를 누르면 〈 생김새 〉[다음 모양으로 바꾸기]블록을 가져와 그대로 넣어줍니다.

TIP 〈 생김새〉[다음 모양으로 바꾸기]블록에서 "다음"옆의 화살표를 누르면 "이전"으로 바꿀 수 있습니다.

4 ⟨ 🏁 시작 ⟩ [q키를 눌렀을 때]블록을 하나 더 가져와 "q"부분을 "스페이스"로 바꿔줍니다.

5 전체 프로그램의 모습입니다.

TIP 처음 시작할 때는 오브젝트 모양 숨기기를 하도록 ⟨ 🐭 생김새⟩ [모양 숨기기] 블록을 추가합니다.

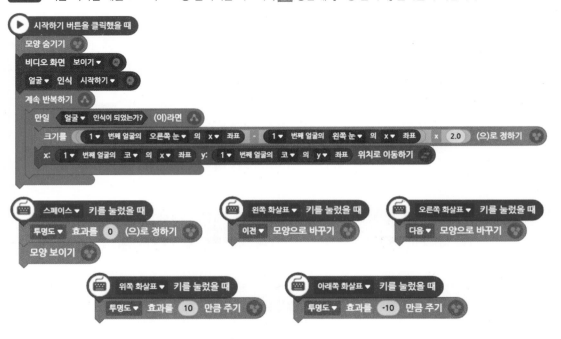

6단계 ▶ 테스트하기

1 [스페이스]키를 누르면 오브젝트가 얼굴을 가리는지 확인합니다.

2 [왼쪽 화살표]키와 [오른쪽 화살표]키를 누르면 오브젝트의 모양이 바뀌는지 확인합니다.

3 [위쪽 화살표]키와 [아래쪽 화살표]키를 누르면 오브젝트의 투명도가 바뀌는지 확인합니다.

7단계 ▶ 마무리하기

1 얼굴을 가리는 오브젝트의 크기를 자동이 아니라 내가 바꿀 수 있도록 하려면 소스코드를 어떻게 수정해야 할 지 생각해 봅시다. (소스코드 별도제공 04_초상권지킴이_업그레이드.ent)

2 초상권을 지키기 위해 평소에 어떻게 생활하면 좋을지 생각해 봅시다.

〈5장〉 엔트리 인공지능 이미지 학습모델 활용하기

작품명 ▶	OX퀴즈로 알아보는 환경상식	4 모두를 위한 양질의 교육	레벨 ★★☆☆☆
			완성 프로그램 05_OX퀴즈.ent

학습목표 ▶
- [인공지능 모델 학습하기]를 통해 이미지 학습모델을 만들 수 있습니다.
- 이미지 학습모델을 활용한 코딩방식을 이해할 수 있습니다.

1단계 ▶ 생각열기

1 _ 알아보기

영화에서 여러분은 인공지능이 사람의 얼굴을 인식해서 문을 열어주거나 금고를 열어주는 장면들을 보았을 겁니다. 이것은 인공지능이 이미지를 학습해 활용하는 이미지 인식 기술과 관련이 있습니다.

이번 장에서 배우게 될 엔트리 이미지학습도 이미지모델을 만들 때 정한 분류기준과 그에 맞는 이미지 데이터 학습을 통해 이후에 제공되는 이미지를 정해진 기준에 따라 분류해 주는 기능을 제공합니다.

3 _ 미션 확인하기

환경을 주제로 OX퀴즈를 만들어 보겠습니다.

"O"와 "X"이미지를 학습한 이미지 학습모델을 만들고, 사용자가 정답과 오답을 키보드로 입력할 필요없이 OX카드를 보여주면 이미지를 인식해 정답과 오답을 구분하도록 프로그램을 만들어 보겠습니다.

퀴즈 화면	결과 화면

실습 결과 동영상 QR코드

https://youtu.be/jUOGVz_J2nU

2단계 **준비하기**

키워드 인공지능 모델 학습, 이미지 학습

---

1 _ 재료 준비하기

준비물 | 웹캠, "OX"카드(부록)

---

2 _ 엔트리 들어가기

엔트리 사이트(https://playentry.org/)로 들어가 [만들기] 메뉴를 선택합니다. [작품 만들기]메뉴를 클릭하면 온라인 상태에서 코딩을 할 수 있는 엔트리 에디터가 나타나면 로그인을 합니다. 인공지능 학습모델을 만들려면 반드시 로그인이 필요합니다.

엔트리 로그인이나 회원가입 방법은 3장. 2단계:준비하기 부분을 참고하면 됩니다.

3단계 ▶ 확장하기

1 _ 인공지능 블록 불러오기

1 블록 꾸러미 하단에서 〈 🤖 인공지능 〉블록꾸러미에서 [인공지능 블록 불러오기]를 선택하면 확장 가능한 기능들이 나타납니다.

2 "비디오 감지"기능을 선택하고 [불러오기]버튼을 클릭합니다.

3 "비디오 감지"블록은 카메라를 이용해 사물이나 사람 등을 인식하는 블록입니다.(인터넷 익스플로어(IE)와 사파리 브라우저는 지원하지 않습니다.)

2 _ 인공지능 모델 학습하기

1 인공지능 모델을 학습하기 위해 〈 🤖 인공지능 〉블록꾸러미에서 [인공지능 모델 학습하기]메뉴를 클릭하고 이미지 학습모델을 만듭니다.

2 [분류:이미지]를 선택하고 [학습하기]를 합니다.

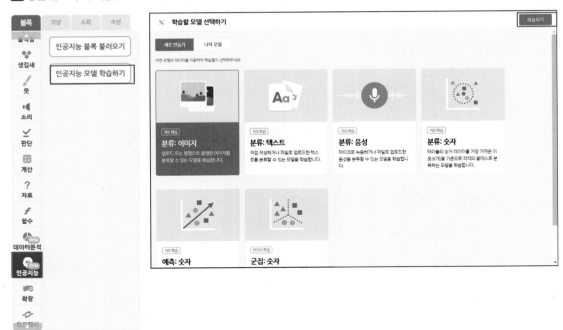

3 모델의 제목을 입력하고 "정답, 오답" 2개의 클래스를 만듭니다. 웹캠을 사용해 데이터를 입력하기 위해 촬영을 선택합니다. (부록의 "OX카드" 도안을 활용합니다.)

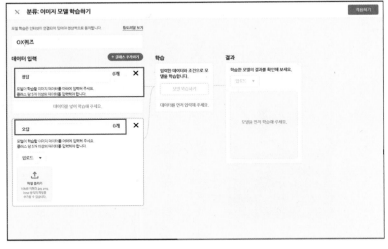

4 각 클래스마다 데이터를 촬영해 넣어줍니다. 촬영이 끝나면 [모델 학습하기]를 클릭합니다.

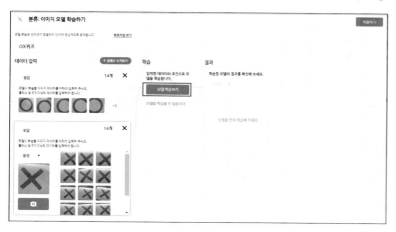 

5 모델학습이 끝나면 결과를 확인해 봅니다.

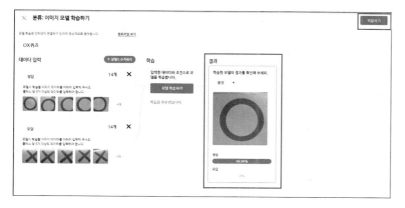 

6 결과확인이 끝나면 [적용하기]를 눌러 엔트리 프로그램에 사용할 수 있도록 합니다. 이미지학습모델을 활용할 수 있는 인공지능 블록이 나타납니다.

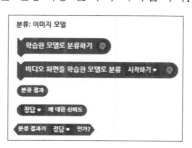

TIP 만일, 이미 만들어 놓은 모델이 있다면 [나의 모델]메뉴에서 만들어 놓은 모델을 찾아 사용할 수 있습니다. 사용할 모델을 선택하고 [학습하기]를 누릅니다.

4단계 ▶ 디자인하기

1 _ 화면구성하기

화면구성을 위해 [+오브젝트 추가하기]를 누르고 사용할 오브젝트를 골라 추가합니다.

오브젝트 목록에서 사용하지 않는 "엔트리봇" 오브젝트는 [X]를 눌러 삭제합니다.

오브젝트 추가방법은 3장. 4단계 디자인하기를 참고합니다.

이번 장에서 사용할 배경 오브젝트는 "단색배경"이고, 주인공 오브젝트는 "선생님(2)"입니다.

배경 오브젝트 선택	오브젝트 선택
단색 배경	선생님(2)

5단계 ▶ 코딩하기

1 _ 오브젝트 주요블록 알아보기

꾸러미	블록	설명
인공지능	비디오 화면 보이기 ▼	비디오화면이 엔트리 실행화면에 '보이기'할지 '숨기기' 할지 정합니다
	비디오 화면을 학습한 모델로 분류 시작하기 ▼	비디오화면을 이미지 학습한 모델로 분류를 시작하거나 중지합니다.
	분류 결과	분류결과를 알 수 있는 블록입니다. 모델을 만들 때 사용한 클래스(예: 정답, 오답)로 구분해 사용할 수 있습니다.
시작	시작하기 버튼을 클릭했을 때	시작하기 버튼을 클릭하면 연결된 블록들을 실행합니다.
	오브젝트를 클릭했을 때	오브젝트를 클릭하면 연결된 블록들을 실행합니다.
흐름	2 초 기다리기 ⋀	입력한 시간만큼 기다린 후 다음 블록을 실행합니다.
	계속 반복하기 ⋀	감싸고 있는 블록들을 계속해서 반복 실행합니다.

흐름	만일 참 (이)라면 ∧ / 아니면	만일 판단이 참이면 첫 번째 감싸고 있는 블록들을 실행하고, 거짓이면 두 번째 감싸고 있는 블록들을 실행합니다.
생김새	안녕! 을(를) 4 초 동안 말하기	오브젝트가 입력한 내용을 입력한 시간동안 말풍선으로 말합니다.
	색깔 효과를 10 만큼 주기	오브젝트 색깔효과를 입력한 값으로 정합니다.('색깔'글자 옆 화살표를 선택하면 '밝기'나 '투명도'로 변경할 수 있습니다.)
계산	안녕! 과(와) 엔트리 를 합치기	입력한 두값을 결합한 값입니다.
자료	순서 값	선택된 변수에 저장된 값입니다.
	순서 에 10 만큼 더하기	변수에 값을 입력한 값만큼 더합니다.
	순서 를 10 (으)로 정하기	변수에 값을 입력한 값으로 정합니다.
	정답리스트 의 1 번째 항목	선택한 리스트에서 입력한 순서에 있는 항목값입니다.
	10 을(를) 정답리스트 의 1 번째에 넣기	입력한 값을 선택한 리스트의 입력한 순서의 리스트항목으로 추가합니다.

2 _ 오브젝트 코딩하기(1단계)

(1단계)는 이미지 모델을 사용하지 않는 환경퀴즈입니다.

[배경 오브젝트]

1 〈 █ 시작 〉 [시작하기 버튼을 클릭했을 때]블록으로 프로그램이 시작되면 〈 ❄ 생김 새 〉 [색깔 효과를 (100)으로 정하기]블록을 "색깔"을 "투명도"로 바꾸고, 배경 오브젝트의 투명도를 "100"에서 "70"으로 조정합니다.

TIP 투명도를 조정하지 않으면 배경에 가려 카메라 화면이 보이지 않습니다.

> ▶ 시작하기 버튼을 클릭했을 때
> 투명도 효과를 70 (으)로 정하기

[선생님(2) 오브젝트 코딩하기]

1 필요한 변수(순서, 점수)와 리스트(환경퀴즈, 정답리스트)를 만듭니다.

만들어진 변수와 리스트는 [속성]탭에서 확인할 수 있습니다.

TIP 변수란?

변수는 내가 원하는 자료를 담을 수 있는 빈 통이라고 할 수 있습니다.
변수는 〈 **?** 자료〉블록꾸러미에서 [변수 만들기]메뉴를 클릭하거나
[속성]탭에서 [변수]를 선택하면 만들 수 있습니다.

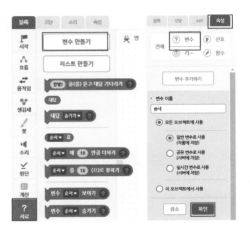

TIP 리스트란?

리스트는 여러 개의 변수를 담을 수 있는 서랍장이라고 할 수 있습니다.
〈 **?** 자료 〉블록꾸러미에서 [리스트 만들기]메뉴를 클릭하거나 [속성]탭을 [리스트]를 선택하면 만들 수 있습니다.

TIP 변수와 리스트 숨기기

화면에서 변수와 리스트를 보이지 않게 하려면 [속성]탭에서 숨기고자 하는 변수나 리스트에서 "눈"아이콘을 누르면 됩니다. 〈 ? 자료 〉블록꾸러미에서 〈 ? 자료 〉[변수 순서 숨기기], [리스트 정답리스트 숨기기]블록을 사용해도 됩니다.

❷ 〈 🚩 시작 〉 [시작하기 버튼을 클릭했을 때]블록으로 프로그램이 시작되면 "환경퀴즈" 리스트에 퀴즈 5개를, "정답리스트"에는 정답 5개를 만들어 줍니다. 리스트에 값을 넣는 것은 〈 ? 자료 〉[(10)을 정답리스트 1번째에 넣기]블록을 활용하면 됩니다.

퀴즈를 시작하기 위해 〈 😺 생김새 〉 [(안녕!)을 (4초)동안 말하기]블록을 사용해 "나를 클릭하면 퀴즈를 시작합니다."를 말하게 합니다.

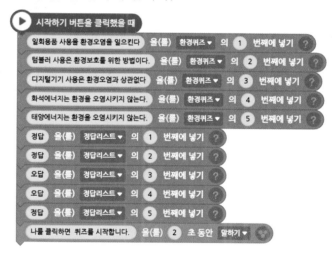

❸ 〈 🚩 시작 〉 [오브젝트를 클릭했을 때]블록을 가져옵니다. 〈 ? 자료 〉 [순서를 (10)으로 정하기]블록을 2개 가져와 "점수"변수는 "0"값으로 "순서"변수는 "1"값으로 정해줍니다. 〈 😺 생김새 〉 [(안녕!)을 (4초)동안 말하기]블록을 사용해 "환경퀴즈를 시작합니다. 문제의 답을 OX카드로 보여주세요"를 말합니다.

오브젝트를 클릭했을 때
환경퀴즈를 시작합니다. 문제의 답을 "정답", "오답"으로 적어주세요 을(를) 2 초 동안 말하기
점수 ▼ 를 0 (으)로 정하기
순서 ▼ 를 1 (으)로 정하기

4 〈 ? 자료 〉 [(안녕!)을 묻고 대답 기다리기][대답]블록을 사용해 리스트에서 순서대로 문제를 가져와 묻고, 〈 ∧ 흐름 〉[만약 〈참〉이라면] 블록을 사용해 사용자가 입력한 대답이 "정답"이면 "맞았습니다."를 말하고, 〈 ? 자료 〉[순서를 (10)으로 정하기]블록을 이용해 점수변수에 20을 추가하도록 합니다. "오답"이면 "틀렸습니다."를 말하도록 만듭니다.

5 2초마다 퀴즈를 물어보도록 〈 ∧ 흐름 〉[2초 기다리기]블록을 넣어주고, 〈 ? 자료 〉[순서에 (10)만큼 더하기]블록을 이용해 다음 문제를 가져올 수 있도록 값을 1만큼 더해줍니다. 5번의 퀴즈를 풀기위해 [(10번) 반복하기]블록을 가져와 조건식을 감싸주고, 5번 반복할 수 있도록 숫자(10)을 (5)로 바꿔줍니다.

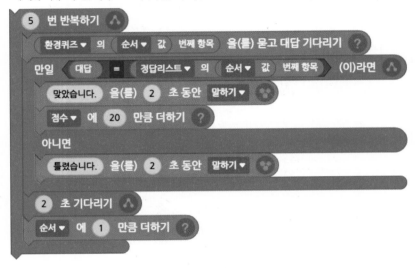

TIP   조건식의 〈참〉판단블록 만들기

〈 ? 자료 〉[대답]블록과 〈 ? 자료 〉[정답리스트의 (1)번째 항목][순서값]블록을 〈 ✔ 판단 〉[(10) = (10)]블록에 넣어 만들어 줍니다.

〈 대답 **=** 정답리스트 ▼ 의 순서 ▼ 값 번째 항목 〉

6 〈@ ☻ 생김새 〉 [(안녕!)을 (4초)동안 말하기]블록을 사용해 모든 퀴즈가 끝나면 점수를 말해 줍니다. 그리고 〈 ∧ 흐름 〉[만약 〈참〉이라면] 블록을 사용해 70점이 넘으면 칭찬의 말을, 이하면 환경에 대한 관심을 가져달라고 말하도록 조건식을 만들어 줍니다.

6단계 ▶ 오브젝트 코딩하기

(1단계)코드에서 퀴즈의 답을 입력하는 대신 앞에서 만든 이미지모델을 활용해 보겠습니다.

[선생님(2) 오브젝트]

1 이미지인식을 위해 카메라를 사용하도록 〈 🤖 인공지능 〉[비디오 화면 보이기]블록을 추가합니다.

2 키보드 입력을 받는 부분을〈 🔵 인공지능 〉[비디오화면을 학습한 모델로 분류시작하기]블록을 이용해 "OX카드"이미지모델로 분류하도록 바꾸고, 인식된 분류결과에 따라 정답인지, 오답인지 비교하도록 조건식도 바꾸어 줍니다.

```
5 번 반복하기
  환경퀴즈▼ 의 순서▼ 값 번째 항목 을(를) 4 초 동안 말하기▼
  비디오 화면을 학습한 모델로 분류 시작하기▼
  만일 분류 결과 = 정답리스트▼ 의 순서▼ 값 번째 항목 (이)라면
    점수▼ 에 20 만큼 더하기
    맞았습니다. 을(를) 2 초 동안 말하기▼
  아니면
    틀렸습니다. 을(를) 2 초 동안 말하기▼
  2 초 기다리기
  순서▼ 에 1 만큼 더하기
```

> **TIP** 조건식의 〈참〉판단블록 수정하기
>
> 〈 ❓ 자료 〉[대답]블록 대신에 〈 🔵 인공지능 〉[분류결과]블록을 넣어 만들어 줍니다.
>
> 분류 결과 = 정답리스트▼ 의 순서▼ 값 번째 항목

3 퀴즈가 끝나면〈 🔵 인공지능 〉[비디오 화면 보이기]블록을 이용해 [비디오 화면 숨기기]를 합니다. 오브젝트를 클릭해 퀴즈가 잘 실행되는지 확인합니다.

```
오브젝트를 클릭했을 때
  환경퀴즈를 시작합니다. 문제의 답을 OX카드로 보여주세요 을(를) 2 초 동안 말하기▼
  점수▼ 를 0 (으)로 정하기
  순서▼ 를 1 (으)로 정하기
  비디오 화면 보이기▼
  5 번 반복하기
    환경퀴즈▼ 의 순서▼ 값 번째 항목 을(를) 4 초 동안 말하기▼
    비디오 화면을 학습한 모델로 분류 시작하기▼
    만일 참 (이)라면
      점수▼ 에 20 만큼 더하기
      맞았습니다. 을(를) 2 초 동안 말하기▼
    아니면
      틀렸습니다. 을(를) 2 초 동안 말하기▼
    2 초 기다리기
    순서▼ 에 1 만큼 더하기
  비디오 화면 숨기기▼
  점수는 과(와) 점수▼ 값 과(와) 점입니다. 를 합치기 를 합치기 을(를) 4 초 동안 말하기▼
  만일 점수▼ 값 > 70 (이)라면
    환경보호에 관심이 많은 멋진 당신입니다. 을(를) 2 초 동안 말하기▼
  아니면
    환경보호에 조금 더 관심을 가져주세요. 을(를) 2 초 동안 말하기▼
```

TIP 카메라를 여러 개 사용하는 경우 [비디오 보이기]블록 전에 사용할 카메라를 지정하는 블록을 넣어줍니다. (아래 블록에서 카메라의 이름은 다를 수 있습니다.)

720p HD Camera (2b7e:0173) ▼ 카메라로 바꾸기

PART 02

7단계 ▶ 테스트하기

1 오브젝트를 클릭해 퀴즈를 풀어봅시다.

2 이미지 모델이 여러분의 "OX"카드를 잘 인식하는지 확인합니다.

3 점수가 제대로 산정되는지 확인해 봅니다.

8단계 ▶ 마무리하기

1 [읽어주기]기능을 이용해 환경퀴즈도 음성으로 물어보고, "정답"과 "오답"을 음성으로도 말하게 합니다. (소스코드 별도제공 : 05_ OX 퀴즈 업그레이드.ent)

2 퀴즈의 개수를 추가해 프로그램을 만들어 봅시다.

다양한 이미지 인식 인공지능 학습도구

그림을 잘 그리지 못해도 인공지능의 머신러닝 기술을 활용해서 인공지능으로 그림을 그릴 수 있습니다. 인공지능의 이미지 인식을 이용한 도구들을 알아봅니다.

학습목표 ▶ • 이미지 인식 인공지능 학습 도구를 사용할 수 있다.

이미지 인식 인공지능 학습 도구를 사용할 수 있다.

1 _ 오토드로우(AutoDraw) 인공지능 학습 도구 알아보기

오토드로우는 사람이 캔버스에 그림을 그리고, 인공지능이 그림을 알아맞혀서 자동으로 그림을 그려줍니다. AI의 이미지 인식 알고리즘을 통해 인공지능 학습 과정을 체험할 수 있습니다.

2017년 구글이 개발한 인공지능 예술 프로그램으로 사용자가 간단히 그린 그림을 인공지능 이미지 인식 기술을 통해서 원하는 이미지를 보여주고 사용자가 선택하여 사용합니다.

구글 검색 창에 '오토드로우'를 입력하거나 다음의 링크주소를 입력해서 사이트에 접속합니다.

• 링크주소 : https://www.autodraw.com/

빈 캔버스가 나오면 연필 모양의 자동그리기를 클릭하고 원하는 그림을 그리면 인공지능이 자동으로 그리기로 여러 가지 그림을 보여줍니다. 원하는 그림을 선택하면 됩니다. 그림판과 같이 색상을 추가할 수 있고, 수동으로 그림을 추가해서 인공지능 도구와 함께 나만의 그림을 만들 수 있습니다.

오토드로우는 데스크탑, 스마트폰, 태블릿에서 사용 가능하며 만들어진 그림은 다운받고 공유도 할 수 있습니다.

2 _ 퀵드로우(QuickDraw) 인공지능 학습 도구 알아보기

퀵드로우도 구글에서 만든 머신러닝 기법의 이미지 인식 기술을 활용한 도구입니다.

구글 검색 창에 '퀵드로우'를 입력하거나 다음의 링크주소를 입력해서 사이트에 접속합니다.

링크주소 : https://quickdraw.withgoogle.com/

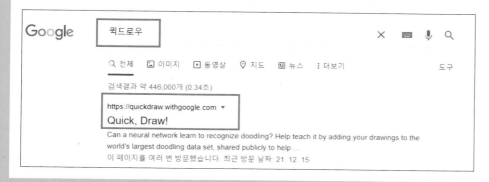

다음의 왼쪽그림의 퀵드로우 첫 화면에서 시작하기를 클릭합니다. 오른쪽 그림의 '숟가락' 등 인공지능이 제시하는 주제에 맞는 그림을 그립니다.

사용자가 그린 그림을 20초 제한시간 내에 인공지능이 그림의 제목을 맞추는 게임입니다.

6개의 제시된 주제어 그림을 그리면 인공지능이 그림을 얼마나 잘 인식했는지 결과를 확인할 수 있습니다. 아래의 그림은 필자가 그린 그림 6개를 인공지능이 1개는 맞추지 못했습니다.

3 _ 마젠타(Magenta) 인공지능 학습 도구 알아보기

마젠타는 사용자가 그림을 그리면 다음 그릴 내용을 자동으로 그려줍니다. 구글에서 만든 이미지 인식 기술을 활용한 도구입니다. 구글 검색 창에 'sketch RNN'를 입력하거나 다음의 링크 주소를 입력해서 사이트에 접속합니다.

• 링크주소 : https://magenta.tensorflow.org/assets/sketch_rnn_demo/index.html

모델의 여러 가지 제시어 중에서 '알람시계'를 선택해서 인공지능과 협업해서 알람시계를 그렸습니다. 사용자가 그림을 그리는 과정에 인공지능이 계속해서 그림을 추가로 그립니다. sketch-RNN 은 사람들이 그림을 그리는 과정을 학습한 인공지능입니다.

〈6장〉 엔트리 인공지능 텍스트 학습모델 활용하기

작품명 ▶ **마음건강을 지키는 내마음 신호등**

 4 모두를 위한 양질의 교육

레벨 ★★★☆☆

완성 프로그램
06_내마음신호등.ent

학습목표 ▶
- [인공지능 모델 학습하기]를 통해 텍스트 학습모델을 만들고 이를 활용한 프로 그램을 만들 수 있습니다.
- 피지컬 컴퓨터와 연결하여 학습모델과 함께 활용하는 방식을 이해할 수 있습니다.

1단계 ▶ 생각열기

1 _ 알아보기

인공지능도 사람처럼 학습을 통해 세상을 배웁니다.

사람은 주로 경험을 통해 학습을 하지만 인공지능은 데이터를 통해 학습을 합니다.

우리가 사용하는 텍스트(문자)를 사용해 학습을 할 수도 있고 이미지나 음성을 이용해 학습을 할 수도 있습니다. 학습에 필요한 데이터가 많을수록 인공지능은 똑똑해 집니다.

이번에 알아볼 텍스트 학습은 사람이 분류한 기준과 그에 맞게 제공된 데이터 학습을 통해 이후 제공된 텍스트를 정해진 기준에 따라 분류해 주는 기능을 제공합니다.

2 _ 미션 확인하기

나의 감정을 분류한 텍스트 학습모델을 이용하여 대답에 따라 나의 기분을 파악하고, 그에 맞는 색의 신호등 불빛을 켜 주는 "내마음신호등"을 만들어 보겠습니다. 내가 행복하다면 "초록불"을, 불행하다면 "빨강불"을, 보통이라면 "노랑불"을 켜도록 합니다.

엔트리 화면	아두이노 신호등 LED
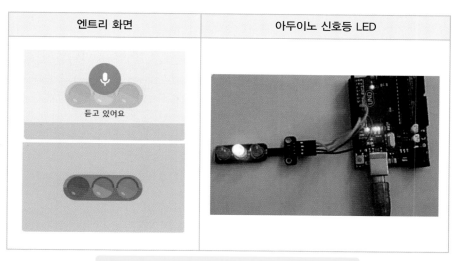	

실습 결과 동영상 QR코드

https://youtu.be/B3kamERIt9k

2단계 ▶ 준비하기

〈지속가능한 인공지능 AI 18개 작품 만들기〉 키트는 이 책의 작품 실습에 필요한 부품을 모두 포함하고 있습니다. 구매처는 이 책의 **7쪽**을 참고합니다.

1 _ 재료 준비하기

키워드 ｜ 인공지능 모델 학습, 텍스트 학습, 아두이노, 신호등 LED

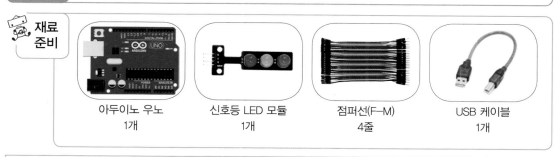

재료 준비

| 아두이노 우노 1개 | 신호등 LED 모듈 1개 | 점퍼선(F-M) 4줄 | USB 케이블 1개 |

만들기 재료 | (필요한 경우)

TIP 신호등 LED모듈이란?

빨강, 노랑, 초록의 신호등 3색이 내장되어 있는 조명모듈입니다. 각 LED마다 디지털 핀이 연결되어 있어 디지털 신호로 제어할 수 있습니다.

2 _ 엔트리 들어가기

엔트리 사이트(https://playentry.org/)로 들어가 [만들기] 메뉴를 선택합니다. [작품 만들기]메뉴를 클릭하면 온라인 상태에서 코딩을 할 수 있는 엔트리 에디터가 나타나면 로그인을 합니다. 인공지능 학습모델을 만들려면 반드시 로그인이 필요합니다.

엔트리 로그인이나 회원가입 방법은 3장. 2단계:준비하기 부분을 참고하면 됩니다.

3 _ 회로 연결하기

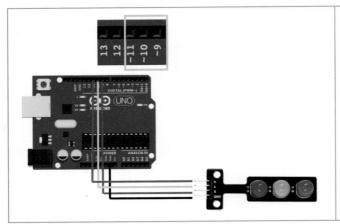

신호등 LED 모듈	아두이노 핀
빨강(R)	9
노랑(Y)	10
초록(G)	11
GND	GND

■1 신호등LED모듈 G핀은 아두이노 11번핀에 연결합니다.

■2 신호등LED모듈 Y핀은 아두이노 10번핀에 연결합니다.

■3 신호등LED모듈 R핀은 아두이노 9번핀에 연결합니다.

■4 신호등LED모듈 GND핀은 아두이노 GND핀에 연결합니다.

■5 회로 연결후 USB포트를 이용하여 컴퓨터와 연결합니다.

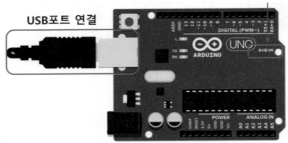

4 _ 장치 연결하기

엔트리에 아두이노와 같은 외부장치를 연결하려면 엔트리 하드웨어 프로그램(Entry_HW)을 이용해야 합니다.

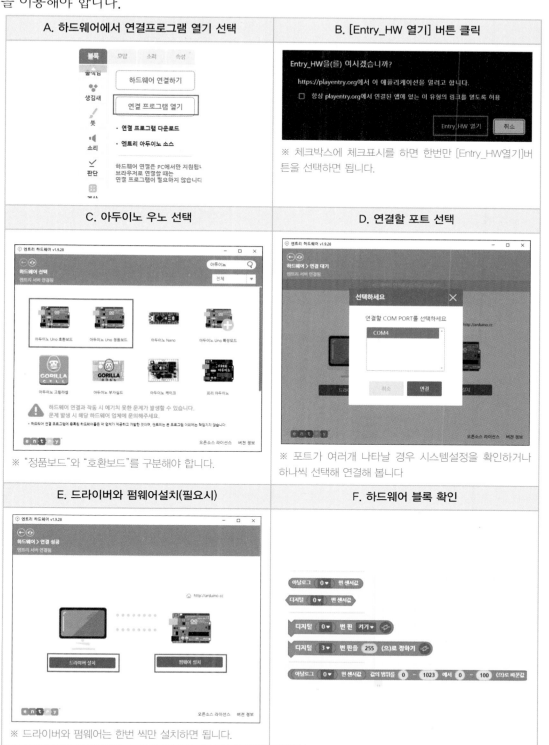

A. 하드웨어에서 연결프로그램 열기 선택	B. [Entry_HW 열기] 버튼 클릭

※ 체크박스에 체크표시를 하면 한번만 [Entry_HW열기]버튼을 선택하면 됩니다.

C. 아두이노 우노 선택	D. 연결할 포트 선택

※ "정품보드"와 "호환보드"를 구분해야 합니다.

※ 포트가 여러개 나타날 경우 시스템설정을 확인하거나 하나씩 선택해 연결해 봅니다

E. 드라이버와 펌웨어설치(필요시)	F. 하드웨어 블록 확인

※ 드라이버와 펌웨어는 한번 씩만 설치하면 됩니다.

TIP 엔트리 하드웨어 프로그램 설치가 필요한 경우에는 엔트리사이트(https://playentry.org/)로 들어가 다운로드 메뉴에서 안내에 따라 설치합니다.

3단계 ▶ 확장하기

1 _ 인공지능블록 불러오기

1 블록 꾸러미 하단에서 〈 인공지능 〉블록꾸러미에서 [인공지능 블록 불러오기]를 선택하면 확장 가능한 기능들이 나타납니다.

2 "오디오 감지"를 선택하고 [불러오기]버튼을 클릭합니다.

2 _ 인공지능모델 학습하기

1 인공지능 모델을 학습하기 위해 〈 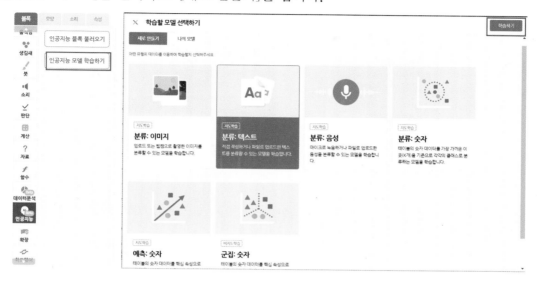 인공지능 〉블록꾸러미에서 [인공지능 모델 학습하기]메뉴를 클릭하고 텍스트 학습모델을 만듭니다.

2 [분류:텍스트]를 선택하고 [새로 만들기]를 합니다.

3 모델의 제목을 입력하고 "행복, 보통, 불행" 3개의 클래스를 만들고 각 클래스마다 데이터를 넣어준 후 [모델 학습하기]를 클릭합니다.

4 모델학습이 끝나면 결과를 확인합니다.

5 결과확인이 끝나면 [적용하기]를 눌러 엔트리 프로그램에 사용할 수 있도록 합니다. 텍스트 학습모델을 활용할 수 있는 인공지능 블록이 나타납니다.

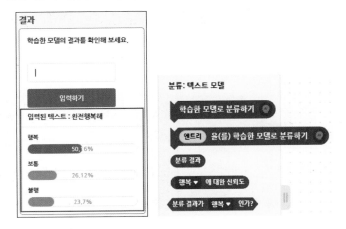

TIP 만일, 이미 만들어 놓은 모델이 있다면 [나의 모델]메뉴에서 만들어 놓은 모델을 찾아 사용할 수 있습니다. 사용할 모델을 선택하고 [학습하기]를 클릭합니다.

4단계 ▶ **디자인하기**

1 _ 화면구성하기

화면구성을 위해 [+오브젝트 추가하기]를 누르고 사용할 오브젝트를 골라 추가합니다.

오브젝트 목록에서 사용하지 않는 "엔트리봇" 오브젝트는 [X]를 눌러 삭제합니다.

배경으로 "단색배경"오브젝트를 추가하고, "신호등(2)"오브젝트도 추가합니다.

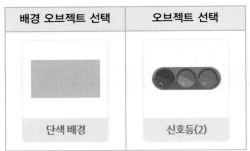

배경 오브젝트 선택	오브젝트 선택
단색 배경	신호등(2)

5단계 ▶ 코딩하기

1 _ 오브젝트 주요블록 알아보기

꾸러미	블록	설명
인공지능	엔트리 을(를) 학습한 모델로 분류하기	(엔트리)위치에 입력한 값을 학습한 모델로 분류를 합니다.
	분류 결과가 행복 ▼ 인가?	텍스트 학습모델을 만들 때 사용한 클래스(예:행복, 보통, 불행)로 구분해 사용할 수 있습니다.
	음성 인식하기	사용자의 음성을 인식하는 블록입니다.
	음성을 문자로 바꾼 값	음성 인식된 결과를 문자로 바꾼 값이 들어간 블록입니다.
시작	시작하기 버튼을 클릭했을 때	시작하기 버튼을 클릭하면 연결된 블록들을 실행합니다.
흐름	만일 참 (이)라면	만일, 판단이 참이면, 감싸고 있는 블록들을 실행합니다.
생김새	안녕! 을(를) 4 초 동안 말하기 ▼	오브젝트가 입력한 내용을 입력한 시간동안 말풍선으로 말합니다.
	신호등(2)_초록 ▼ 모양으로 바꾸기	오브젝트를 선택한 모양으로 바꿔 줍니다.

2 _ 오브젝트 코딩하기(1단계)

1 필요없는 엔트리봇의 기본코드는 삭제합니다.

2 〈 **시작** 〉[시작하기 버튼을 클릭했을 때]와 〈 **자료** 〉[(안녕!)을 묻고 대답 기다리기], 〈 **생김새** 〉[신호등(2)초록 모양으로 바꾸기]블록을 가져와 시작하기 버튼을 눌렀을 때 신호등 오브젝트를 꺼진 상태로 바꾸고 '내마음 신호등입니다. 당신의 상태를 알려주세요'를 묻고 대답을 기다리도록 합니다.

3 〈 **인공지능** 〉[(엔트리)을(를) 학습한 모델로 분류하기]를 이용해 사용자가 입력한 〈 **자료** 〉[대답]을 학습한 모델로 분류합니다. 화면에 보이는 [대답]변수를 숨기기 위해서는 〈 **자료** 〉[대답 숨기기]블록을 사용합니다.

```
시작하기 버튼을 클릭했을 때
대답 숨기기 ▼
신호등(2)_꺼짐 ▼ 모양으로 바꾸기
내마음 신호등입니다. 당신의 상태를 알려주세요. 을(를) 묻고 대답 기다리기
대답 을(를) 학습한 모델로 분류하기
```

4 〈 흐름 〉[만약 〈참〉이라면]블록을 사용해 분류결과("행복", "보통", "불행")에 따라 맞는 색의 신호등이 켜지도록 만들어 줍니다.

분류결과가 "행복"이라면 〈 생김새 〉[신호등(2)_초록 모양으로 바꾸기]블록을 "신호등(2)_초록"모양으로 바꿔줍니다. 만일, 분류결과가 "불행"이면 "신호등(2)_빨강"모양으로, 분류결과가 "보통"이면 "신호등(2)_노랑"모양으로 바꿔줍니다.

5 시작하기 버튼을 눌러 학습모델이 내 감정을 잘 분류하는지 확인합니다.

3 _ 오브젝트 코딩하기(2단계)

음성인식을 이용해 나의 감정을 키보드 입력이 아닌 음성으로 입력하도록 바꿉니다.

1 (1단계)코드에서 사용자에게 입력을 받는 부분을 〈 인공지능 〉[음성 인식하기]로 바꿉니다.

2 〈 인공지능 〉[(엔트리)을(를)학습한 모델로 분류하기]에서 "엔트리"부분을 〈 인공지능 〉[음성을 문자로 바꾼 값]으로 바꿔줍니다.

❸ 시작하기 버튼을 눌러 내 감정에 음성에 따라 신호등 불빛을 잘 변경되는지 확인합니다.

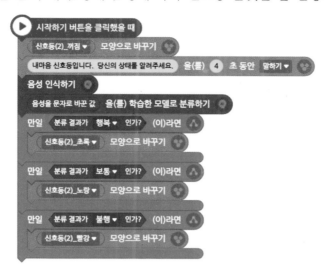

4 _ 아두이노 주요블록

꾸러미	블록	설명
하드웨어	디지털 0▾ 번 핀 켜기▾	선택한 디지털 핀을 켜거나 끄는 블록입니다.

5 _ 아두이노 코딩하기

마지막으로, 아두이노 장치를 연결하여 내마음신호등을 완성해 보겠습니다.

분류결과에 따라 신호등 LED모듈에 신호등 오브젝트와 같은 색의 불을 켜도록 코딩합니다.

❶ 초록불을 켜는 아두이노 코드입니다.

⟨ 하드웨어 ⟩ [디지털 0번핀 켜기] 블록을 3개 추가합니다.

⟨ 하드웨어 ⟩[디지털 0번핀 켜기]블록의 핀번호를 9번, 10번,11번으로 바꿔 넣어줍니다. 9번과 10번 핀의 [켜기]는 화살표를 클릭해 [끄기]로 바꿔줍니다.

2 노랑불을 켜는 아두이노 코드입니다.

〈 하드웨어 〉[디지털 0번핀 켜기]블록의 핀번호를 9번, 10번,11번으로 바꿔 넣어줍니다. 9번과 11번 핀의 [켜기]는 화살표를 클릭해 [끄기]로 바꿔줍니다.

3 빨강불을 켜는 아두이노 코드입니다.

〈 하드웨어 〉[디지털 0번핀 켜기]블록의 핀번호를 9번, 10번,11번으로 바꿔 넣어줍니다. 10번과 11번 핀의 [켜기]는 화살표를 클릭해 [끄기]로 바꿔줍니다.

4 완성된 소스코드입니다.

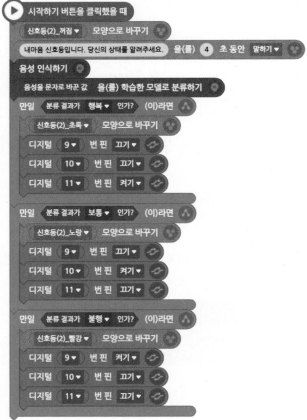

6단계 ▶ 테스트하기

1 [행복]과 관련된 말을 음성인식하고 신호등 오브젝트(초록)와 신호등LED모듈(초록)이 제대로 동작되는지 확인합니다.

2 [보통]과 관련된 말을 음성인식하고 신호등 오브젝트(노랑)와 신호등LED모듈(노랑)이 제대로 동작되는지 확인합니다.

3 [불행]과 관련된 말을 음성인식하고 신호등 오브젝트(빨강)와 신호등LED모듈(빨강)이 제대로 동작되는지 확인합니다.

> **TIP** 만일, 신호등 LED모듈의 불빛이 원하는 대로 나오지 않는다면 핀번호에 맞게 연결되었는지 회로도와 함께 확인합니다.

7단계 ▶ 마무리하기

1 [읽어주기]기능을 이용해 분류결과에 따라 여러분의 감정에 인공지능이 음성으로 친구처럼 이야기하게 만들어 봅시다.(소스코드 별도제공 : 06_내마음신호등_업그레이드.ent)

> **예** 분류결과가 '행복'이면 '오늘은 행복한 날이네요'
> 분류결과가 '보통'이면 '즐거운 일을 생각해 보세요'
> 분류결과가 '불행'이면 '좋은 일이 생길 거예요'

2 텍스트모델을 활용해 만들 수 있는 프로그램을 더 생각해 봅시다.

인공지능 모델 만들기 과정을 알아볼까요?

인공지능으로 문제를 해결하기 위해서 인공지능 모델을 만드는 과정을 알아봅니다.

인공지능 모델을 만드는 과정은 여러 방법이 있습니다.

엠블록에서 17장 꿀벌검사 인공지능 로봇에서 인공지능 학습모델 만들기 과정을 기준으로 살펴봅니다. 뒤이어 7장에 엔트리 인공지능 학습모델 만드는 과정과 비교해보도록 합니다.

1단계 : 문제 정의

문제를 발견하고, 문제를 해결하기 위한 데이터를 얻을 수 있는지 확인하고 문제를 명확히 정의합니다.

사례: 인공지능이 진드기에 감염된 꿀벌 치료를 위한 치료약을 구분할 수 있을까?

2단계 : 데이터 수집 및 분석

데이터를 수집하는 다양한 방법을 알아보고 데이터를 수집합니다. 엠블록에서 치료약과 가짜약을 카메라에 인식시켜서 이미지 데이터를 수집합니다. (엠블록 17장)

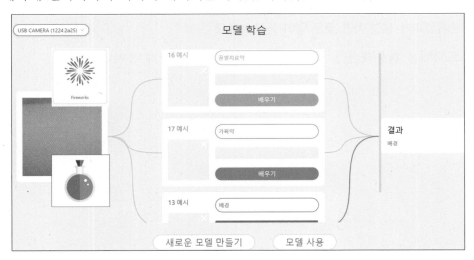

이 과정에서 인공지능은 이미지 데이터, 소리 데이터 등을 수집하고 잘못된 데이터들이 있는지 살펴봅니다. 데이터에 특징적인 부분이 있는지 분석합니다.

3단계 : 모델 학습 및 평가

수집한 데이터로 모델을 만들고 학습시킵니다. 엠블록에서 치료약과 가짜약을 카메라에 인식시켜서 배우기를 통해 학습시킵니다. 곰 인형, 펭귄인형으로 다른 모델학습도 만들어 봅니다.

모델 평가 과정에서 데이터를 분류하는 정확도가 높지 않다면 데이터 수집에 잘못된 부분이 있는지 살펴보거나 더 많은 데이터를 수집합니다.

4단계 : 모델 활용(공유 및 배포)

인공지능 학습모델이 만들어졌으므로 학습모델을 활용하여 사용할 수 있습니다.

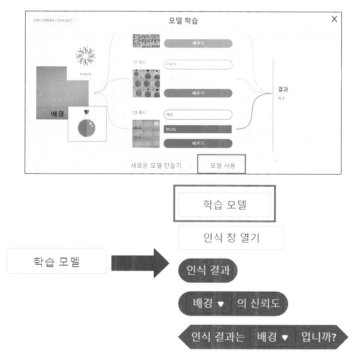

〈7장〉 엔트리 인공지능 이미지 학습모델 활용하기

작품명 ▶	내몸을 위한 바른자세 측정기	**3** 건강하고 행복한 살 보장	레벨 ★★☆☆☆
			완성 프로그램 07_바른자세측정기.ent

학습목표 ▶
- 이미지 학습모델의 활용방안을 생각할 수 있습니다.
- 이미지 학습모델을 피지컬 컴퓨터와 연결하여 활용하는 방식을 이해할 수 있습니다.

1단계 ▶ 생각 열기

1 _ 알아보기

인공지능의 이미지인식 기능을 이용하면 우리가족의 얼굴을 인식해 현관열쇠가 없어도 문을 열어주는 스마트도어를 만들거나, 올바른 체조자세를 학습시켜 인공지능 트레이너도 만들 수 있습니다.

여러분도 이미지인식 기능을 사용해 생활 속에서 어떤 기능을 만들고 싶은지 생각해 봅시다.

2 _ 미션 확인하기

바른 자세는 우리의 건강을 지키는 방법 중 하나입니다.

특히 앉아있는 시간이 많은 요즘 바르게 앉은 자세를 측정하는 인공지능 학습모델을 만들어 나의 자세가 바른자세인지 아닌지 확인해 주는 프로그램을 만들어 보겠습니다.

엔트리 화면	아두이노 삼색 LED

실습 결과 동영상 QR코드

https://youtu.be/jg_3nZDi3H8

2단계 ▶ 준비하기

1 _ 재료준비하기

> **키워드** 인공지능 모델 학습하기(텍스트), 삼색LED

재료준비

| 아두이노 우노 1개 | 삼색(RGB) LED 모듈 1개 | 점퍼선(F—M) 4줄 | USB 케이블 1개 |

TIP 삼색 LED모듈이란?

빛의 3원색인 빨강, 초록, 파랑의 3가지 색의 LED가 하나로 합쳐진 LED모듈입니다. 3가지 색의 빛을 섞어 다양한 색을 만들 수 있는 있고 저항이 필요없어 편리하게 사용할 수 있습니다.

LED(Light Emitting Diode)는 발광 다이오드의 약자로 전류가 흐르면 불빛이 나게 됩니다.

2 _ 엔트리 들어가기

엔트리 사이트(https://playentry.org/)로 들어가 [만들기] 메뉴를 선택합니다. [작품 만들기]메뉴를 클릭하면 온라인 상태에서 코딩을 할 수 있는 엔트리 에디터가 나타나면 로그인을 합니다. 인공지능 학습모델을 만들려면 반드시 로그인이 필요합니다.

엔트리 로그인이나 회원가입 방법은 3장. 2단계:준비하기 부분을 참고하면 됩니다.

3 _ 회로 연결하기

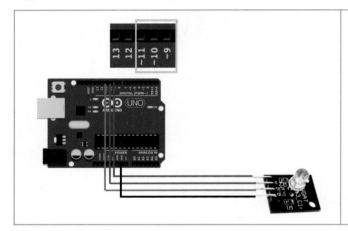

삼색 LED	아두이노 핀
빨강(R)	9
초록(G)	10
파랑(B)	11
GND	GND

1️⃣ 삼색 LED R핀은 아두이노 9번핀에 연결합니다.

2️⃣ 삼색 LED G핀은 아두이노 10번핀에 연결합니다.

3️⃣ 삼색 LED B핀은 아두이노 11번핀에 연결합니다.

4️⃣ 삼색 LED GND핀은 아두이노 GND핀에 연결합니다.

5️⃣ 회로 연결후 USB포트를 이용하여 컴퓨터와 연결합니다.

TIP 아두이노 보드에는 총 3개의 GND핀이 있습니다. 부품별로 GND가 필요한 경우 하나씩 사용하면 됩니다.

4 _ 엔트리 장치 연결하기

엔트리에 아두이노와 같은 외부장치를 연결하려면 엔트리 하드웨어 프로그램(Entry_HW)을 이용해야 합니다.

엔트리 하드웨어를 이용해 아두이노 보드를 연결하는 방법은 6장 2단계: 준비하기 내용을 참고하면 됩니다.

3단계 ▶ 확장하기

1 _ 인공지능 블록 불러오기

1 블록 꾸러미 하단에서 〈 인공지능 〉블록꾸러미에서 [인공지능 블록 불러오기]를 선택하면 확장 가능한 기능들이 나타납니다.

2 "비디오 감지"와 "읽어주기"를 선택하고 [불러오기]버튼을 클릭합니다.

2 _ 인공지능 모델 학습하기

1 인공지능 모델을 학습하기 위해 〈 인공지능 〉블록꾸러미에서 [인공지능 모델 학습하기]메뉴를 클릭하고 이미지 학습모델을 만듭니다.

2 [분류:이미지]를 선택하고 [학습하기]를 합니다

3 모델의 제목을 "자세측정"이라고 입력하고 "바른자세"와 "나쁜자세" 2개의 클래스를 만듭니다. 웹캠을 사용해 데이터를 입력하기 위해 촬영을 선택합니다.

4 각 클래스마다 데이터를 촬영해 넣어줍니다. 촬영이 끝나면 [모델 학습하기]를 클릭합니다.

TIP 자세촬영시 주변 배경, 인물의 의상 등이 바뀌면 자세구분을 잘 못하는 경우가 있습니다. 이때는 자세촬영을 다시 하도록 합니다.

5 모델학습이 끝나면 결과를 확인합니다. 결과확인이 끝나면 [적용하기]를 눌러 엔트리 프로그램에 사용할 수 있도록 합니다.

TIP 자세한 이미지 모델 학습 방법은 5단원 "OX퀴즈"의 3. 확장하기 부분을 참고합니다.

6 이미지학습모델을 활용할 수 있는 인공지능 블록이 나타납니다.

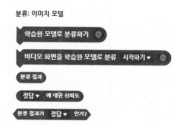

분류: 이미지 모델

> 학습한 모델로 분류하기 ⚙

> 비디오 화면을 학습한 모델로 분류 시작하기 ▾ ⚙

> 분류 결과

> 정답 ▾ 예 대한 신뢰도

> 분류 결과가 정답 ▾ 인가?

PART 02

4단계 ▶ 디자인하기

화면의 엔트리봇 오브젝트를 그대로 사용합니다.

배경 오브젝트	엔트리봇
없음	

5단계 ▶ 코딩하기

1 _ 오브젝트 주요블록 알아보기

꾸러미	블록	설명
인공지능 (AI Beta)	비디오 화면 보이기 ▾ ⚙	비디오화면이 엔트리 실행화면에 '보이기'할 지 '숨기기' 할 지 정합니다.
	비디오 화면을 학습한 모델로 분류 시작하기 ▾ ⚙	비디오화면을 이미지 학습한 모델로 분류를 시작하거나 중지합니다.
	분류 결과가 바른자세 ▾ 인가?	분류결과를 알 수 있는 판단블록 입니다. 모델을 만들 때 사용한 클래스로 구분해 사용할 수 있습니다.
	엔트리 읽어주기 ⚙	입력한 텍스트를 음성으로 읽어주는 블록입니다.
시작	▶ 시작하기 버튼을 클릭했을 때	시작하기 버튼을 클릭하면 연결된 블록들을 실행합니다.

 흐름	2 초 기다리기	입력한 시간만큼 기다린 후 다음 블록을 실행합니다.
	계속 반복하기	감싸고 있는 블록들을 계속해서 반복 실행합니다.
	만일 참 (이)라면 아니면	만일 판단이 참이면 첫 번째 감싸고 있는 블록들을 실행하고, 거짓이면 두 번째 감싸고 있는 블록들을 실행합니다.
 생김새	안녕! 을(를) 4 초 동안 말하기 ▼	오브젝트가 입력한 내용을 입력한 시간동안 말풍선으로 말합니다.

2 _ 오브젝트 코딩하기(1단계)

1 필요없는 엔트리봇의 기본코드는 삭제합니다.

2 〈 시작 〉[시작하기 버튼을 클릭했을 때]블록으로 프로그램이 시작되면 카메라 사용을 위해 〈 인공지능 〉[비디오 화면 보이기]블록을 가져옵니다. 〈 흐름 〉[계속 반복하기]와 [(2)초 기다리기]블록, 〈 인공지능 〉[비디오 화면 보이기]블록을 가져와 일정시간(2초)마다 비디오 화면을 학습한 "자세측정" 이미지모델로 분류하도록 코딩합니다.

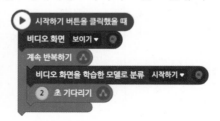

3 〈 흐름 〉[만약 〈참〉이라면]블록과 〈 인공지능 〉[분류결과가 바른자세인가?]블록을 사용해 분류결과에 따라 바른자세인지 아닌지 판단하는 조건식을 만들어 줍니다.

4 〈 생김새 〉 [(안녕!)을 (4초)동안 말하기]블록을 사용해 "바른자세"일때는 "좋은 자세입니다."를 그렇지 않으면 "나쁜 자세입니다. 좋은 자세를 취해주세요"를 말하도록 합니다.

5 시작하기 버튼을 눌러 제대로 동작하는지 확인합니다.

3 _ 오브젝트 코딩하기(2단계)

사용자가 자신의 자세를 좀 더 확실하게 알 수 있도록 음성으로 자세를 알려주도록 수정해 보겠습니다.

1 〈 [인공지능] 인공지능 〉[(엔트리)읽어주기]블록을 2개 가져와 조건식에 넣어줍니다.

2 "바른자세"일때는 "좋은 자세입니다."를 그렇지 않으면 "나쁜 자세입니다. 좋은 자세를 취해주세요"를 읽어줍니다.

3 시작하기 버튼을 눌러 [읽어주기]기능이 동작하는지 확인합니다.

4 _ 아두이노 주요블록 알아보기

꾸러미	블록	설명
하드웨어	디지털 0▼ 번 핀 켜기▼	선택한 디지털 핀을 켜거나 끄는 블록입니다.

5 _ 아두이노 코딩하기

마지막으로, 아두이노 장치를 연결하여 분류결과에 따라 [바른자세]라면 초록불을, 아니면 빨간불을 켜도록 해 보겠습니다.

1 "좋은 자세"일 때 초록불을 켜는 아두이노 코드입니다.

〈 하드웨어 〉 [디지털 0번핀 켜기] 블록을 3개 추가합니다.

〈 하드웨어 〉 [디지털 0번핀 켜기]블록의 핀번호를 9번, 10번,11번으로 바꿔 넣어줍니다. 9번과 11번 핀의 [켜기]는 화살표를 클릭해 [끄기]로 바꿔줍니다.

2 그렇지 않을 때 ("나쁜 자세") 빨강불을 켜는 아두이노 코드입니다.

〈 하드웨어 〉 [디지털 0번핀 켜기] 블록을 3개 추가합니다.

〈 하드웨어 〉 [디지털 0번핀 켜기]블록의 핀번호를 9번, 10번,11번으로 바꿔 넣어줍니다. 10번과 11번 핀의 [켜기]는 화살표를 클릭해 [끄기]로 바꿔줍니다.

TIP 삼색 LED의 특정핀에 전류가 흐르도록 하면 그 핀에 해당하는 색의 불만 켤 수 있습니다. 예를 들어 G핀에만 전류가 흐르도록 코딩하면 초록불이 켜집니다.

❸ 완성된 소스코드입니다.

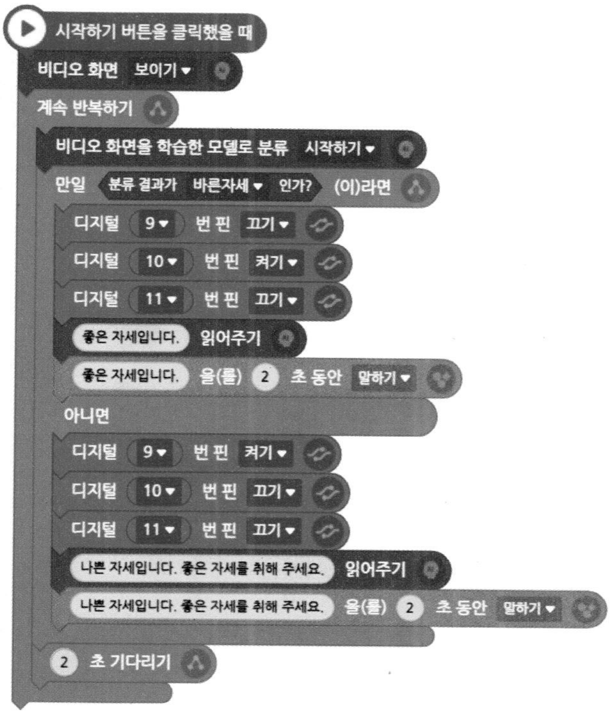

6단계 ▶ **테스트하기**

❶ 분류결과가 [바른자세]일 때 "좋은 자세입니다."라는 말과 초록불이 켜지는지 확인합니다.
❷ 바른 자세가 아니라면 "나쁜 자세입니다. 좋은 자세를 취해주세요"라는 말과 빨강불이
켜지는지 확인합니다.

7단계 ▶ **마무리하기**

❶ 생활 속에서 이미지 학습을 활용할 수 있는 방법을 더 생각해 봅시다.
(**예** 댄스동작 따라하기)

"우리집에 전화 해!!", "오늘 날씨 알려 줘", "TV 켜줘" 등의 말을 스마트폰이나 인공지능 스피커는 어떻게 알아들을까요?

사람의 말(소리)은 성대에서 떨리는 정도에 따라 다른 주파수를 나타냅니다. 주파수는 1초에 떨리는(진동) 정도를 나타내며 단위는 Hz입니다.

다음은 "안녕"을 두 번 녹음하고, "안녕하세요", "하세요"를 각각 녹음한 목소리 주파수 모양입니다.

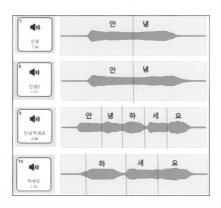

7번의 "안녕"과 8번의 "안녕"이 비슷한 주파수 모양임을 알 수 있습니다.

9번의 "안녕하세요"에서 "안녕" 부분의 모양도 7번의 "안녕"과 8번의 "안녕"과 비슷한 주파수 모양입니다.

10번의 "하세요" 주파수 모양도 9번의 "안녕하세요"의 "하세요"와 주파수가 비슷합니다.

이와 같이 특정 단어에는 각각의 특징이 있는 주파수 모양이 있습니다. 물론 남자와 여자, 아이와 어른은 같은 단어에서도 다른 주파수를 나타냅니다.

컴퓨터는 소리 주파수를 분해해서 단어별로 분류하고 기억하고, 많은 양의 소리 데이터를 듣고 학습합니다. 아기가 '아빠'라는 단어를 수없이 많이 듣고 '아빠'라는 소리를 이해하고 기억하는 것과 비슷합니다.

컴퓨터는 마이크에서 소리를 인식하고 딥러닝 기술로 학습한 인공지능이 이를 분석해서 사람의 목소리에 맞는 단어를 찾습니다. 찾은 단어를 작성된 컴퓨터 프로그램에 적용하면 불을 켜기도 하고 우리 집에 전화를 걸 수도 있습니다.

이처럼 사람의 귀처럼 컴퓨터가 음성을 알아듣는 것이 음성인식(Speech Recognition)이고, 인식한 소리(음성언어)를 문자 데이터로 변환하는 기술이 STT(Speech to Text)입니다.

〈 STT(Speech to Text) 〉

거꾸로 문자를 음성으로 변환하는 인공지능 서비스 기술은 TTS(Text to Speech)입니다.

다음은 엔트리, 엠블록에서 사용하는 음성인식 관련 서비스 인공지능 기술입니다.

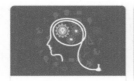

인식 서비스

By mBlock official 🖥 🗂 📱

인지 서비스 API를 사용하면 비디오, 음성, 언어 및 지식과 같은 다른 기능을 추가 할 수 있습니다. 더 보기

기계학습

By mBlock official 🖥 🗂 📱

기계 학습을 사용하면 프로그래밍할 필요는 없지만, 컴퓨터가 학습하여 일을 배우고 인간의 두뇌와 유사한 인공

Text to Speech

개발자: MIT Med... 🖥 🗂 📱

Make your projects talk. (not available in China yet)

AI Service

By mBlock official 🖥 🗂 📱

The extension is only available in China. Use Baidu AI service to recognize images, texts, speeches,

번역

파파고를 이용하여 다른 언어로 번역할 수 있는 블록 모음입니다.

읽어주기

nVoice 음성합성 기술로 다양한 목소리로 문장을 읽는 블록모음 입니다.

오디오 감지

마이크를 이용하여 소리와 음성을 감지할 수 있는 블록 모음입니다. (IE/Safari 브라우저 미지원)

엔트리와 엠블록으로 코딩하며 음성인식 관련 서비스 사용방법을 알아봅시다.

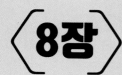

〈8장〉 엔트리 인공지능 오디오감지 & 읽어주기 활용하기

작품명	스마트세상 인공지능 홈비서	9 산업의 성장과 혁신 활성화 및 사회기반시설 구축	레벨 ★★★☆☆ 완성 프로그램 08_인공지능홈비서.ent

학습목표 ▶
- 인공지능 블록(음성인식, 읽어주기)의 활용방안을 생각할 수 있습니다.
- 2개 이상의 부품과 연결한 피지컬 컴퓨팅 방식을 이해할 수 있습니다.

1단계 ▶ 생각열기

1 _ 알아보기

요즘 스마트홈이라는 말이 많이 이야기되고 있습니다.

스마트홈은 가전제품을 비롯해 집 안의 모든 장치를 연결해 제어하는 기술을 말합니다.

— 출처: 네이버 지식백과 —

스마트홈이 인공지능과 만나면 집안의 물건을 제어하거나, 방범, 냉난방, 공기정화와 같은 기능을 자동으로 관리해주고, 내가 필요로 하는 정보도 언제든 물어보고 확인할 수 있습니다.
여러분이라면 인공지능을 활용해 집에 어떤 기능을 구현하고 싶은지 생각해 봅시다.

2 _ 미션 확인하기

지금까지 엔트리의 인공지능 블록 사용법과 인공지능 학습모델을 만들고 활용하는 방법, 아두이노 보드와 연결해 피지컬 코딩을 하는 방법을 알아보았습니다.
이번에 만들어 볼 인공지능 홈비서는 내가 말하는 내용을 인식해 집안에 조명을 켜거나, 선풍기를 실행시키고, 필요한 정보(날씨, 미세먼지)를 알려주는 프로그램입니다.

실습 결과 동영상 QR코드
https://youtu.be/zETArCrgCPw

1 _ 재료 준비하기

키워드   음성인식서비스, 삼색LED, 팬

재료 준비

아두이노 우노	삼색(RGB) LED모듈	팬	점퍼선(M-M) 4줄 점퍼선F-M) 2줄	USB 케이블
1개	1개	1개		1개

TIP 아두이노 보드에 연결하는 부품(센서나 엑츄에이터)은 1개가 될 수도 있고, 2개 이상이 될 수도 있습니다. 이번 시간에는 2개의 엑츄에이터(삼색LED, 팬)를 이용해 보겠습니다.

TIP 팬이란?
전류가 흐르면 팬이 돌면서 바람을 일으키는 엑츄에이터입니다.

2 _ 엔트리 들어가기

엔트리 사이트(https://playentry.org/)로 들어가 [만들기] 메뉴를 선택합니다. [작품 만들기]메뉴를 클릭하면 온라인 상태에서 코딩을 할 수 있는 엔트리 에디터가 나타나면 로그인을 합니다. 엔트리 로그인이나 회원가입 방법은 3장. 2단계:준비하기 부분을 참고하면 됩니다.

3_ 회로 연결하기

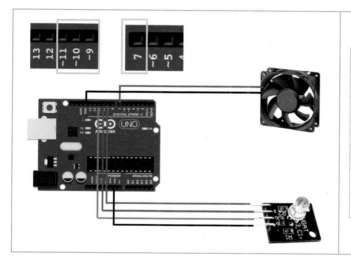

삼색 LED	아두이노 핀
빨강(R)	9
초록(G)	10
파랑(B)	11
펜	아두이노핀
빨강(신호선)	7
GND	GND

1 삼색 LED R핀은 아두이노 9번핀에 연결합니다.

2 삼색 LED G핀은 아두이노 10번핀에 연결합니다.

3 삼색 LED B핀은 아두이노 11번핀에 연결합니다.

4 삼색 LED GND핀은 아두이노 GND핀에 연결합니다.

5 팬의 빨강(신호)선은 아두이노 7번핀에 연결합니다.

6 팬의 검정(GND)선은 아두이노 GND핀에 연결합니다.

7 회로 연결후 USB포트를 이용하여 컴퓨터와 연결합니다.

TIP 아두이노 보드에는 총 3개의 GND핀이 있습니다. 부품별로 GND가 필요한 경우 하나씩 사용하면 됩니다. 3개 이상의 부품을 연결할 경우에는 브레드보드를 이용해 연결합니다.

4 _ 엔트리 장치 연결하기

엔트리에 아두이노와 같은 외부장치를 연결하려면 엔트리 하드웨어 프로그램(Entry_HW)을 이용해야 합니다.

엔트리 하드웨어를 이용해 아두이노 보드를 연결하는 방법은 6장 2단계: 준비하기 내용을 참고하면 됩니다.

3단계 ▶ 확장하기

1 _ 인공지능 블록 불러오기

1 블록 꾸러미 하단에서 〈 인공지능 인공지능 〉블록꾸러미에서 [인공지능 블록 불러오기]를 선택하면 확장 가능한 기능들이 나타납니다.

2 "오디오 감지"와 "읽어주기"를 선택하고 [불러오기]버튼을 클릭합니다.

2 _ 확장블록 불러오기

1 블록 꾸러미 하단에서 〈  확장 〉블록 꾸러미를 선택합니다.

2 "날씨"를 선택하고 [불러오기]버튼을 클릭합니다.

4단계 ▶ 디자인하기

1 _ 화면 구성하기

화면구성을 위해 [+오브젝트 추가하기]를 누르고 사용할 오브젝트를 골라 추가합니다.

오브젝트 목록에서 사용하지 않는 "엔트리봇" 오브젝트는 [X]를 눌러 삭제합니다.

배경으로 "거실(3)" 오브젝트를 추가하고, "뛰어노는 아이" 오브젝트와 "전등" 오브젝트,

"선풍기" 오브젝트도 추가합니다.

배경 오브젝트	오브젝트 1	오브젝트 2	오브젝트 3
거실(3)	뛰어노는 아이	전등	선풍기

1 _ 오브젝트 주요블록 알아보기

꾸러미	블록	설명
인공지능 (Beta)	음성 인식하기	사용자의 음성을 인식하는 블록입니다.
	음성을 문자로 바꾼 값	음성 인식된 결과를 문자로 바꾼 값이 들어간 블록입니다.
	엔트리 읽어주기	입력한 텍스트를 음성으로 말해주는 블록입니다.
확장	현재 서울 ▾ 전체 ▾ 의 기온(℃) ▾	선택한 지역의 기온과 미세먼지 수치를 알려주는 블록입니다.
시작	대상 없음 ▾ 신호를 받았을 때	선택한 신호를 받으면 연결된 블록들이 실행됩니다.
	대상 없음 ▾ 신호 보내기	선택한 신호를 보냅니다.
흐름	모든 ▾ 코드 멈추기	작품의 모든 블록이 실행을 멈춥니다.
생김새	안녕! 을(를) 4 초 동안 말하기 ▾	오브젝트가 입력한 내용을 입력한 시간동안 말풍선으로 말합니다.

2 _ 오브젝트 코딩하기

[뛰어노는 아이 오브젝트]

1 [속성]탭에서 필요한 변수 "중지"와 신호 "조명", "선풍기", "모두꺼"를 만듭니다.

변수를 만드는 방법은 3장. 오브젝트 코딩하기를 참고하면 됩니다.

PART 02

TIP 신호만들기

신호는 [속성]탭에서 "신호"를 선택하고 [신호추가하기]를 클릭합니다. 원하는 신호의 이름을 입력하고 [확인]버튼을 클릭합니다.

2 〈 🚩 시작 〉[시작하기 버튼을 클릭했을 때]블록, 〈 🤖 인공지능 〉[(엔트리)읽어주기] 블록과 〈 😎 생김새 〉[(안녕!)을 4초동안 말하기]블록을 사용해 "저는 인공지능 홈비서입니다."를 말합니다.

3 〈 🔁 흐름 〉[계속 반복하기]블록을 가져오고 〈 🤖 인공지능 〉[(엔트리)읽어주기]블록과 〈 😎 생김새 〉[(안녕!)을 4초동안 말하기]블록을 사용해 "어두워, 더워, 미세먼지, 기온, 멈춰를 말해보세요."를 말하도록 합니다.

4 〈 🤖 인공지능 〉[음성인식하기]블록으로 음성인식을 합니다.

TIP 엔트리에서 "어두워, 더워, 미세먼지, 기온, 멈춰를 말해보세요."를 말하면 바로 원하는 말을 하여 음성인식을 할 수 있도록 합니다. 시간을 두고 말하면 음성인식이 잘되지 않는 경우가 있습니다.

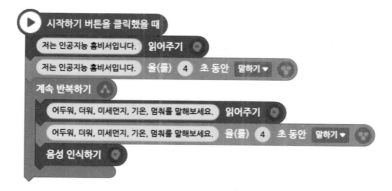

5 음성인식이 되면 〈 인공지능 〉[음성을 문자로 바꾼 값]블록을 이용해 인식된 값("불켜", "더워", "미세먼지", "기온", "멈춰")에 따라 〈 흐름 〉 [만일 〈참〉이라면, 아니면] 블록을 활용한 조건식을 만듭니다. 만일, 인식된 값이 "불켜"이면 〈 시작 〉 [조명 신호 보내기]를, 인식된 값이 "더워"라면 〈 시작 〉 [선풍기 신호 보내기]블록을 넣어줍니다.

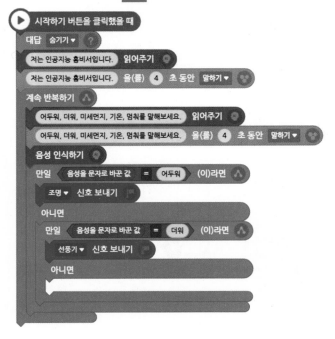

6 인식된 값이 "미세먼지"와 "기온"이면 〈 인공지능 〉[(엔트리)읽어주기]블록과 〈 생김새 〉 [(안녕!)을 4초동안 말하기]블록을 사용해 〈 확장 〉 [현재 서울 전체의 기온]블록을 이용해 서울지역의 미세먼지의 농도와 기온을 알려줍니다.

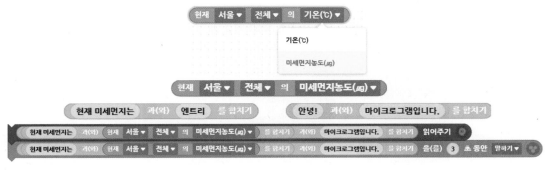

7 인식된 값이 "멈춰"라면 〈 🏁 시작 〉 [모두꺼 신호 보내기]블록으로 신호를 보내고
〈 🔼 흐름 〉[모든 코드 멈추기]블록으로 프로그램 실행을 멈추도록 합니다.

8 마지막으로 알 수 없는 값이 들어오면

9 너무 자주 실행되는 것을 방지하기 위해 조건문 마지막에 〈 🔼 흐름 〉[(2)초 기다리기]
블록을 넣어줍니다.

10 시작하기 버튼을 눌러 제대로 동작하는지 확인합니다.

시작하기 버튼을 클릭했을 때
저는 인공지능 홈비서입니다. 읽어주기
저는 인공지능 홈비서입니다. 을(를) 4 초 동안 말하기▼
계속 반복하기
  어두워, 더워, 미세먼지, 기온, 멈춰를 말해보세요. 읽어주기
  어두워, 더워, 미세먼지, 기온, 멈춰를 말해보세요. 을(를) 4 초 동안 말하기▼
  음성 인식하기
  만일 음성을 문자로 바꾼 값 = 어두워 (이)라면
    조명▼ 신호 보내기
  아니면
    만일 음성을 문자로 바꾼 값 = 더워 (이)라면
      선풍기▼ 신호 보내기
    아니면
      만일 음성을 문자로 바꾼 값 = 미세먼지 (이)라면
        현재 미세먼지는 과(와) 현재 서울▼ 전체▼ 의 미세먼지농도(㎍)▼ 과(와) 마이크로그램입니다. 를 합치기 를 합치기 읽어주기
        현재 미세먼지는 과(와) 현재 서울▼ 전체▼ 의 미세먼지농도(㎍)▼ 과(와) 마이크로그램입니다. 를 합치기 를 합치기 을(를) 3 초 동안 말하기▼
      아니면
        만일 음성을 문자로 바꾼 값 = 기온 (이)라면
          현재 기온은 과(와) 현재 서울▼ 전체▼ 의 기온(℃)▼ 과(와) 도입니다. 를 합치기 를 합치기 읽어주기
          현재 기온은 과(와) 현재 서울▼ 전체▼ 의 기온(℃)▼ 과(와) 도입니다. 를 합치기 를 합치기 을(를) 4 초 동안 말하기▼
        아니면
          만일 음성을 문자로 바꾼 값 = 멈춰 (이)라면
            모두꺼▼ 신호 보내기
            모든▼ 코드 멈추기
          아니면
            알 수 없는 명령입니다 읽어주기
            알 수 없는 명령입니다 을(를) 3 초 동안 말하기▼
2 초 기다리기

[전등 오브젝트]

1 〈 시작 〉[시작하기 버튼을 클릭했을 때]와 [조명 신호를 받았을 때]블록을 이용해
〈 생김새 〉[전등꺼짐 모양으로 바꾸기]블록을 실행합니다.

2 〈 시작 〉[모두꺼 신호를 받았을 때]와 〈 생김새 〉[전등꺼짐 모양으로 바꾸기]
블록을 실행합니다.

[선풍기 오브젝트]

1 〈 █ 시작 〉 [선풍기 신호를 받았을때]블록을 이용해 선풍기가 돌아가도록 "중지" 변수를 '1'로 정합니다.

2 〈 ⋀ 흐름 〉 [계속 반복하기]와 [(2)초 기다리기]블록을 가져옵니다.

3 〈 ⋀ 흐름 〉 [만약 〈참〉이라면]블록과 〈 ⋁ 판단 〉 [〈(10=(10)〉]블록을 사용해 변수 "중지" 변수값이 '1'이라면 〈 ⇄ 움직임 〉 [방향을 (90)도 만큼 회전하기]블록을 이용해 선풍기가 돌아가는 모습이 나타나도록 합니다. 〈 ⋀ 흐름 〉 [(2)초 기다리기]블록의 2초를 0.2초로 바꿔줍니다.

4 〈 █ 시작 〉 [모두꺼 신호를 받았을 때] 변수 "중지"를 0으로 정해 선풍기가 멈추도록 〈 ? 자료 〉 [중지를 (0)으로 정하기]블록을 넣어줍니다.

3 _ 아두이노 주요블록 알아보기

꾸러미	블록	설명
하드웨어	디지털 0▼ 번 핀 켜기▼	선택한 디지털 핀을 켜거나 끄는 블록입니다.

4 _ 아두이노 코딩하기

마지막으로, 아두이노 보드에 삼색 LED와 팬을 연결하여 음성인식 결과에 따라 조명이나 선풍기를 켜고 끄도록 코딩해 보겠습니다.

[전등 오브젝트 – 조명 켜고 끄기 (삼색 LED)]

1 〈 🏳 시작 〉 [조명 신호를 받았을 때]부분에 〈 ⚙ 하드웨어 〉[디지털핀 0번핀 켜기]블록을 3개 추가하고, 핀번호를 9번, 10번,11번으로 바꿔 넣어줍니다.

TIP 삼색 LED의 전체(RGB)핀에 전류가 흐르도록 하면 흰색 불을 켤 수 있습니다.

2 〈 🏳 시작 〉 [모두꺼 신호를 받았을 때] 부분도 수정해 보겠습니다.
〈 ⚙ 하드웨어 〉[디지털핀 0번핀 켜기]블록을 3개 추가하고, 핀번호를 9번, 10번,11번으로 바꿔 넣어줍니다. [켜기]는 화살표를 클릭해 [끄기]로 바꿔줍니다.

전등 오브젝트의 전체 소스코드입니다.

[선풍기 오브젝트– 선풍기 켜고 끄기 (팬)]

1 〈 🏳 시작 〉 [선풍기 신호를 받았을 때]부분에 〈 ⚙ 하드웨어 〉 [디지털핀 0번 켜기]블록을 3개 추가하고, 핀번호를 9번, 10번,11번으로 바꿔 넣어줍니다.

2 〈 🏳 시작 〉[모두꺼 신호를 받았을 때] 부분도 수정해 보겠습니다.

〈 ⚙ 하드웨어 〉[디지털핀 0번핀 켜기]블록을 추가하고, 핀번호를 7번 바꿔 넣어줍니다.

〈 ⚙ 하드웨어 〉[디지털핀 0번핀 켜기]블록에서 [켜기]는 화살표를 클릭해 [끄기]로 바꿔줍니다.

선풍기 오브젝트의 전체 소스코드입니다.

여기까지 코딩하면 아두이노 코딩 완성입니다.

6단계 ▶ 테스트하기

1 "불켜"를 말하면 엔트리 화면의 전등에 불이 켜지고, 삼색 LED에도 불이 켜지는지 확인합니다.

2 "더워"를 말하면 엔트리 화면의 선풍기가 돌아가고, 팬도 동작하는지 확인합니다.

3 "미세먼지"를 말하면 엔트리 화면에서 미세먼지상태를 알려주는지 확인합니다.

4 "기온"을 말하면 엔트리 화면에서 기온을 알려주는지 확인합니다.

5 "멈춰"를 말하면 엔트리 실행이 멈추고, 삼색 LED와 팬이 꺼지는지 확인합니다.

7단계 ▶ 마무리하기

1 조명을 켤 때 "조명"이라고 말해도 알아듣고, 선풍기도 "선풍기"라고 말해도 켜지도록 하려면 프로그램을 어떻게 수정해야 하는지 생각해 봅시다. (별도 소스코드 제공 : 08_인공지능홈비서_업그레이드.ent)

2 추가로 스마트홈을 위해 여러분이 필요한 정보를 생각해 봅시다.

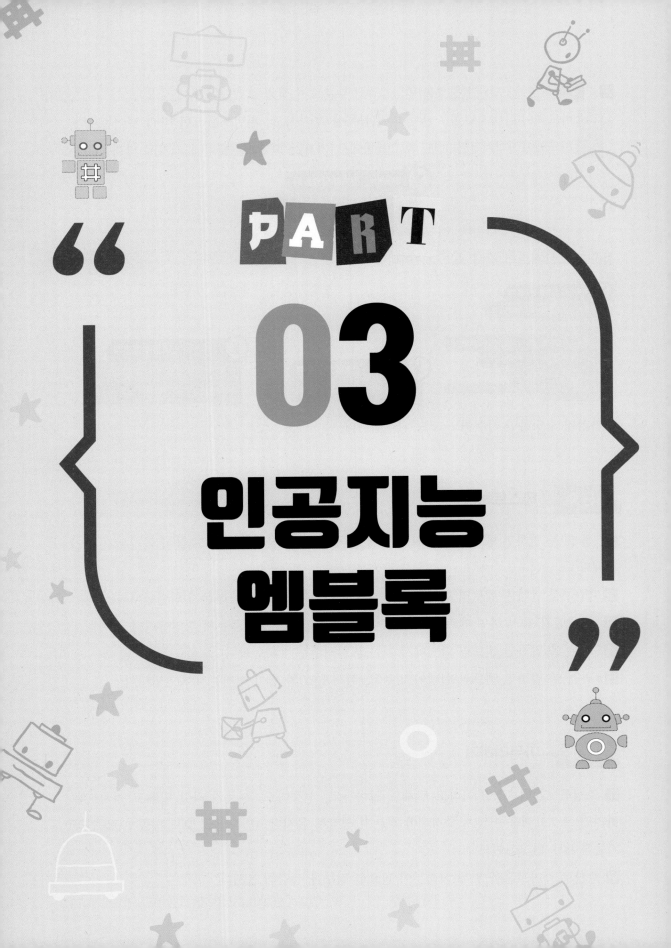

PART

03

인공지능 엠블록

엠블록을 이용하여 인공지능의 기본 개념과 원리를 학습할 수 있는 과정으로 이루어져 있습니다. 엠블록에는 [음성인식], [감정인식], [글자인식], [사물인식] 등 다양한 인식블록이 제공되어 있고, [기계학습]을 통해 [이미지], [텍스트], [음성], [숫자]데이터를 활용한 인공지능 모델을 만들 수 있습니다.

인공지능학습 데이터와 다양한 입·출력 장치를 활용하여 피지컬 컴퓨팅 시스템을 구성하고 프로그래밍을 통해 제어할 수 있습니다. 지속가능발전목표(SDGs) 주제 활동을 통해 다양한 문제를 발견하고, 인공지능을 통해 이를 개선할 수 있는 방안을 다각도로 생각해 봅니다.

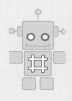

작품명 ▶ **나만의 컬러테라피**		레벨 ★★☆☆☆
		완성 프로그램 09_나만의 컬러테라피.ent

학습목표 ▶
- 음성인식과 음성변환 차이점을 이해하고 음성을 인식하고 변환하는 다양한 프로그램을 만들 수 있습니다.
- 피지컬 컴퓨터와 연결하여 음성인식으로 삼색 LED가 빨강, 파랑, 초록으로 바뀌는 프로그램을 만들 수 있습니다.

1단계 ▶ 생각열기

1 _ 알아보기

컬러테라피란 '컬러'와 '테라피'의 합성어로 색의 에너지와 성질을 심리 치료와 의학에 활용하여 스트레스를 완화시키고 삶의 활력을 키우는 정신적인 요법이라고 해요. 즉, 색채를 통해 몸을 다스리고 마음을 움직인다는 뜻입니다. 기나긴 방학이 끝나고 다시 시작된 일상, 지치고 힘들 때 힐링이 필요할 때가 있지요. 이럴 때 음성으로 내방의 무드 등을 원하는 색으로 변하게 할 수 있다면 참 편리하고 좋을 것 같지요. 음성을 텍스트로 인식(Speech Recognizer) 하기도 하고 텍스트가 음성변환(Text to speech) 되기도 해요. 앞으로 이 음성인식기술을 어떻게 응용하느냐에 따라 우리생활은 더욱 편리해지겠지요.

2 _ 미션 확인하기

음성인식과 음성변환 서비스를 이용하여 다양한 로봇 목소리로 변화 시켜보고, 아두이노와 연결하여 삼색LED 빨강, 파랑, 초록 컬러를 음성으로 제어하여 나만의 컬러 무드 등을 만들 수 있는 프로그램을 만들어 보려고 합니다.

음성인식결과(전)	음성인식결과(후)

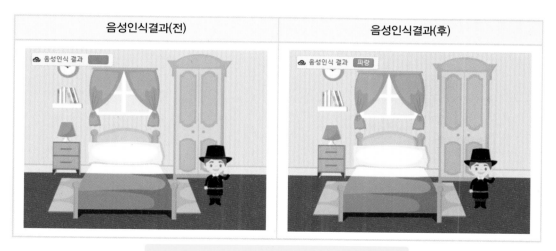

실습 결과 동영상 QR코드

https://youtu.be/tpw9uE-krs4

2단계 ▶ 준비하기

〈지속가능한 인공지능 AI 18개 작품 만들기〉 **키트**는 이 책의 작품 실습에 필요한 부품을 모두 포함하고 있습니다. 구매처는 이 책의 **7쪽**을 참고합니다.

1 _ 재료 준비하기

키워드 음성인식서비스, 삼색 LED

재료 준비

아두이노 우노	삼색 LED	점퍼선(F-M)	USB 케이블
1개	1개	4줄	1개

TIP 신호등 LED모듈이란?

빨강, 노랑, 초록의 신호등 3색이 내장되어 있는 조명 모듈입니다. 각 LED마다 디지털 핀이 연결되어 있어 디지털 신호로 제어할 수 있습니다.

2 _ 회로 연결하기

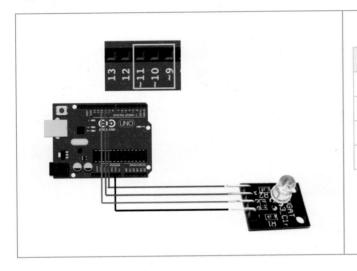

삼색 LED	아두이노 핀
빨강(R)	9
초록(G)	10
파랑(B)	11
GND	GND

1 삼색 LED R핀은 아두이노 9번 핀에 연결합니다.

2 삼색 LED G핀은 아두이노 10번 핀에 연결합니다.

3 삼색 LED B핀은 아두이노 11번 핀에 연결합니다.

4 삼색 LED GND핀은 아두이노 GND핀에 연결합니다.

5 회로 연결후 USB포트를 이용하여 컴퓨터와 연결합니다.

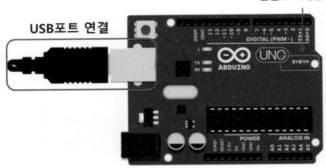

3 _ 엠블록 설치 및 가입하기

1 엠블록 다운로드 및 설치하기

– 검색창에서 엠블록을 입력하거나 주소창에 도메인을 입력합니다.

(https://mblock.makeblock.com)

검색창에서 엠블록 입력	주소장에 도메인입력

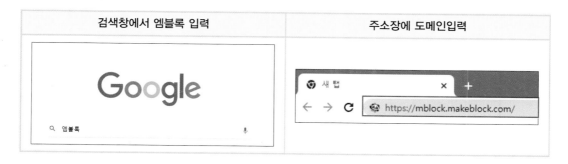

– 상단 메인화면에서 Download 메뉴를 눌러 다운로드 화면으로 이동합니다.

엠블록 메인화면	Download 화면으로 이동

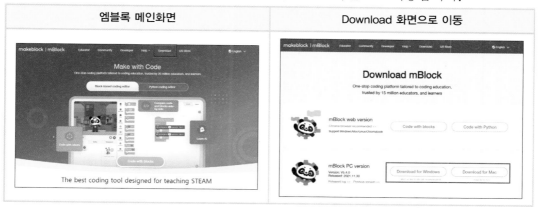

PART 03

TIP Version: V5.4.0 /Released: 2021.11.30 기준으로 작성되었습니다.

– mBlock PC version에서 설치파일을 다운로드 합니다. 파일다운로드버튼을 누르면 V5.4.0.exe파일이 다운로드 됩니다. 폴더열기를 눌러 다운받을 위치로 이동 후 실행합니다. 마우스 더블클릭을 눌러 실행하면 "이 앱이 디바이스를 변경할 수 있도록 허용하시겠어요?"메세지가 나옵니다. "예"버튼을 눌러주세요

설치파일다운로드	디바이스변경 허용

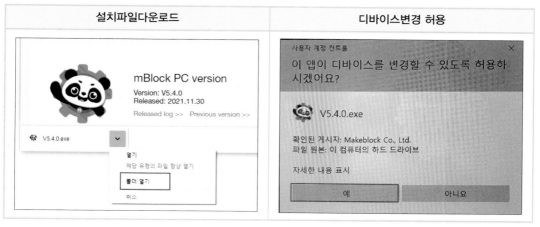

– 설치 중 팝업창에서 기다려주세요. 컴퓨터사양에 따라 20~30초 정도 소요됩니다. mBlock 설치 완료창이 나오면서 동시에 Device Driver Install 창이 뜹니다. 반드시 INSTALL버튼을 눌러 드라이버를 설치해주세요. 성공적으로 설치되었다면 " The drive is successfully pre-installed in advance" 드라이브가 성공적으로 설치되었다는 팝업창이 보입니다. 확인 버튼을 눌러주세요. 그리고 mMblock 설치완료 마침 버튼을 눌러주세요.

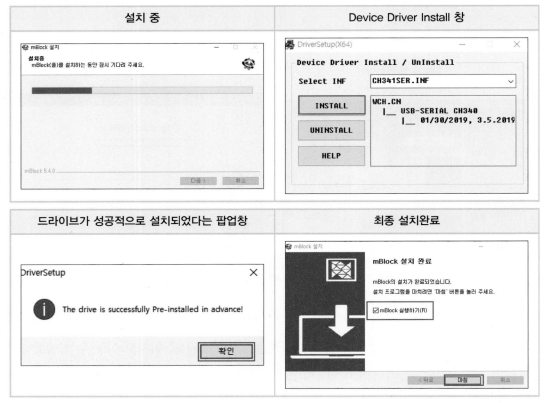

설치 중	Device Driver Install 창
드라이브가 성공적으로 설치되었다는 팝업창	최종 설치완료

– 엠블록이 자동으로 실행되면서 가이드 화면이 나옵니다. Skip guide 버튼을 눌러 코딩을 진행할 수 있도록 준비해주세요.

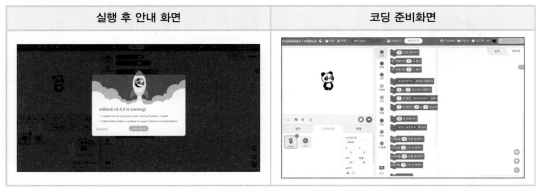

실행 후 안내 화면	코딩 준비화면

2 엠블록 가입하기

– 엠블록의 인공지능 서비스를 사용하려면 반드시 회원가입을 해야 합니다. 화면 오른쪽
상단의 회색아이콘을 누릅니다. 로그인을 하거나 가입할 수 있는 팝업창이 뜹니다. 가입
버튼을 눌러 진행해주세요

회원가입 버튼	로그인/ 가입창
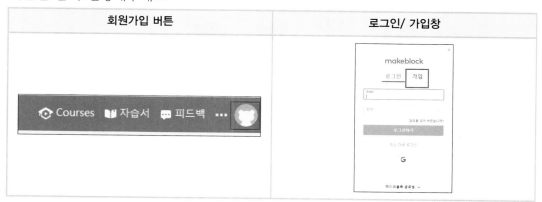	

4 _ 엠블록 장치 연결하기

엠블록에 아두이노와 같은 외부장치를 연결하려면 엠블록 장치를 이용합니다.

1 아두이노가 아닌 다른 장치는 x버튼을 눌러서 삭제합니다.

2 아두이노 장치를 추가하기 위해  추가버튼을 클릭합니다.

❸ 장치 라이브러리에서 Arduino Uno를 선택하고 확인 버튼을 클릭합니다. 이때 별표에
체크를 해 두시면 편리합니다.

❹ 장치연결 후 〈 ● 핀〉 블록꾸러미가 보인다면 성공입니다.

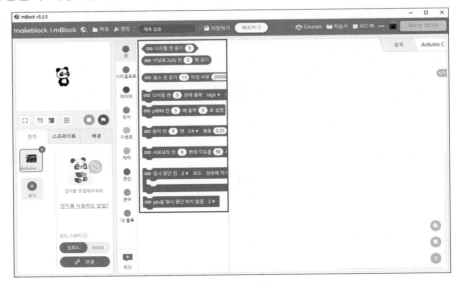

❺ 모드 스위치를 업로드로 해둔상태로 연결버튼을 클릭합니다.

6 팝업창에서 보이는 접속가능한 모든 기기표시를 체크해두고 아두이노와 연결된 포트를 선택해주시고 연결버튼을 누릅니다. 정상적으로 연결되었다면 연결성공 메시지가 나옵니다.

TIP PC 장치관리자에서 COM Port 확인하기

왼쪽 윈도우 시작버튼 옆에 프로그램 검색 기능을 눌러 장치 관리자를 찾아 실행하면 다음과 같이 장치 관리자 프로그램이 실행되는데 여기서 '포트(COM & LPT)' Arduino Uno가 인식되어 있는 포트번호를 확인할 수 있습니다.

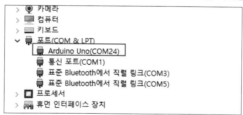

3단계 ▶ 확장하기

1 _ 스프라이트 확장블록

인식서비스	업로드 모드 브로드캐스트	Text to Speech
인지 서비스 API를 사용하면 비디오, 음성, 언어 및 지식과 같은 다른 기능을 추가 할 수 있습니다. 더 보기	이 확장을 추가 하여 장치가 업로드 모드에서 스프라이트와 상호 작용 할 수 있도록 합니다.	Make your projects talk. (not available in China yet)

1 인공지능의 서비스를 이용하기 위해 확장블록을 추가 합니다. 반드시 로그인이 필요합니다.

2 인식서비스는 엠블록의 확장 블록으로 비디오, 음성, 언어 및 지식과 같은 기능을 사용할 수 있습니다.

3 업로드 모드 브로드캐스트는 장치(디바이스)와 스프라이트가 상호 작용을 할 수 있도록 도와주는 블록입니다.

4 Text to Speech는 입력된 텍스트를 다양한 음성으로 말해주는 확장 블록입니다.

5 블록 꾸러미 하단에서 [+확장] ⬛확장 확장 버튼을 눌러 확장 센터로 이동합니다.

6 스프라이트 확장과 디바이스 확장 두 가지 카테고리로 나뉘어져 있기 때문에 필요한 확장을 하나하나 선택해야 합니다. [스프라이트확장]에서 인식서비스를 선택하고 [+추가]를 클릭합니다.

7 [인식서비스]를 추가하면 인식서비스 확장 블록이 생긴 것을 확인합니다.

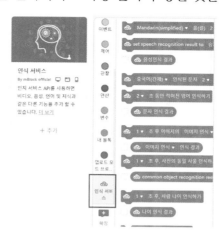

8 다시 [+확장] 확장 버튼을 눌러 확장 센터로 이동 후 [스프라이트확장]에서 [업로드모드 브로드 캐스트]를 선택하고 [+추가]를 클릭합니다.

9 [업로드 모드 브로드 캐스트]를 확장 블록이 생긴 것을 확인합니다.

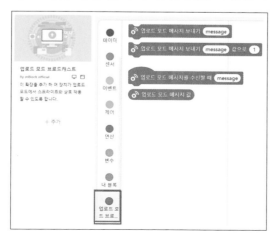

🔟 마지막으로 [+확장] 🔳 확장 버튼을 눌러 확장 센터로 이동후 [스프라이트확장]에서
[Text to Speech]를 선택하고 를 [+추가]를 클릭합니다.

11 [Text to Speech] 확장 블록이 생긴 것을 확인합니다.

2 _ 장치(디바이스) 확장블록

1 스프라이트에서 업로드 모드 브로드캐스트를 추가했다하더라도 장치(디바이스)에서도 업로드 모드 브로드캐스트를 반드시 추가해줘야 합니다.

2 [+확장] 을 클릭하여 확장센터〉 디바이스 확장으로 이동합니다.

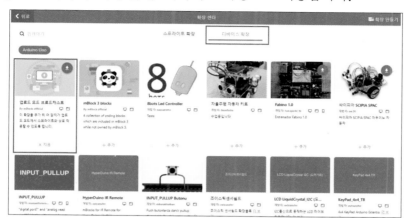

3 초록색 화살표가 있는 경우는 확장블록을 신규로 추가일 때이거나 업데이트 되었을 경우입니다. 신규로 추가하실 때는 반드시 초록색 화살표를 눌러 다운로드 완료 후에 [+추가]를 클릭하여 추가합니다.

4 장치에서 [업로드 모드 브로드캐스트] 확장 블록이 생긴 것을 확인합니다.

4단계 ▶ 디자인하기

1 _ 화면구성하기

화면구성을 위해 배경을 "실내 〉 Bedroom3 "로 정하고 "Boy3" 스프라이트를 선택하여 추가해둡니다.

배경정하기	스프라이트 선택하기
Bedroom3	Boy3

1️⃣ 배경을 추가하기위해 배경 탭을 선택하고 코스튬 수 1에 [+]를 눌러 배경화면을 추가합니다. "배경저장소〉실내 〉 Bedroom3" 배경을 선택하고 확인을 누릅니다.

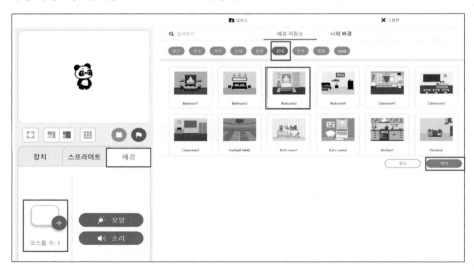

2️⃣ 코스튬수가 2로 바뀌고 배경이 추가 되었습니다.

❸ 스프라이트 추가하기 방법입니다. [+추가]를 누르고 "스프라이트저장소〉사람들〉Boy3" 스프라이트를 선택하여 확인을 누르고 추가합니다.

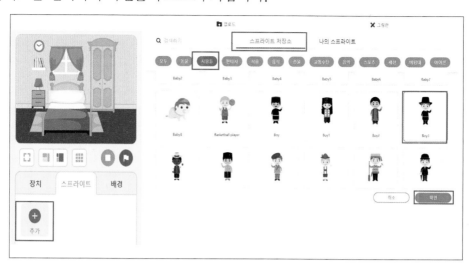

❹ 새로운 스프라이트 Boy3가 화면에 추가된 것을 확인합니다.

❺ 참고로 배경과 스프라이트 추가는 이와 같은 방법으로 계속 합니다.

1 _ [스프라이트] 주요블록 알아보기

꾸러미	블록	설명
인식 서비스	Mandarin(simplified) ▼ 을(를) 2 ▼ 초간 음성 인식합니다. 한국어 ▼ 을(를) 2 ▼ 초간 음성 인식합니다.	음성인식블록은 언어를 다양하게 설정할 수 있고 인식 시간을 정할 수 있는 블록입니다. *Mandarin 언어를 한국어로 변경하여 사용합니다.
	음성인식 결과	음성 인식된 결과를 나타내는 블록으로, 이 블록으로 다양한 결과를 코딩할 수 있습니다.
텍스트 음성 변환	말할 안녕하세요	입력한 텍스트를 음성으로 말해주는 블록입니다.
연산	사과 에 a 이(가) 포함되어 있나요?	문자열에서 특정 문자가 포함되어 있는지 찾는 블록입니다.
	또는	첫 번째 값이나 두 번째 값 중 하나라도 참 일때 결과는 참 값이 되는 블록입니다.
업로드 모드 브로드 캐스트	업로드 모드 메시지 보내기 message	아두이노 장치와 스프라이트가 서로 상호 작용할 수 있도록 업로드모드 메시지를 송신할 때 사용하는 블록입니다.

2 _ [스프라이트] 코딩하기

인식서비스 블록을 사용해 음성 인식이 잘되는지 확인합니다.

Boy3

Boy3 스프라이트에서 코딩을 시작합니다.

1 〈 이벤트 〉 [깃발을 클릭했을 때]블록, 〈 인식 서비스 인식서비스 〉 [(한국어) 를 (2)초간 음성으로 인식합니다.] 블록을 사용해 음성인식을 시작합니다. 이때 2초, 5초, 10초를 선택할 수 있으나 2초가 가장 적당합니다.

2 〈 텍스트를 음성 변환 〉[말할 (안녕하세요)] 블록을 사용해 음성이 잘 인식되고 있는 확인합니다. 이때 ☑ 음성인식 결과 에 체크해두면 음성인식결과를 화면에서 텍스트로 확인할 수 있습니다. 〈 텍스트를 음성 변환 〉[말할 (안녕하세요)] 블록 안에 〈 인식 서비스 인식서비스 〉[음성인식결과] 를 넣어줍니다.

3 시작하기 ● 버튼을 누르면 인식창이 뜹니다.

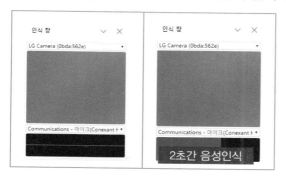

인식 창에서 목소리를 인식시켜보겠습니다. 인식된 목소리가 변환되어 잘 들리는지 확인해 봅니다. 2초간 음성인식이므로 빠르게 음성을 인식시켜야 합니다.

4 인식된 목소리가 잘 들린다면 다른 목소리로 변하게 설정해보겠습니다. 〈 텍스트를 음성 변환 〉[음성을 설정합니다. (알토)] 블록을 사용하여 (알토), (테너), (삐걱거리는 소리), (자이언트), (고양이) 5가지 목소리로 변경 해볼 수 있습니다.

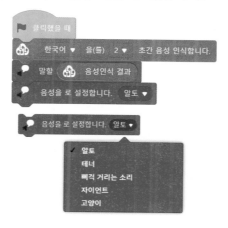

TIP 인식서비스를 사용하기 위해서는 반드시 Makeblock 가입 후 로그인이 필요합니다.

인식 창을 이용하여 목소리 인식과 음성 변환까지 잘 실행된다면 이제 조건문을 이용하여 원하는 단어가 포함된 경우 결과 값이 나올 수 있는 프로그램으로 업그레이드 해 보겠습니다.

5 〈 ● 제어 〉 [만약 ( ) 이(가) 참이면] 블록을 사용해 조건식을 만듭니다. 〈 ● 연산 〉 [(사과)에 (a) 이(가) 포함되어 있나요?] 블록에 〈 인식 서비스 인식서비스 〉 [음성인식결과] 에 (파랑)이 포함되어 있나요] 이렇게 입력해줍니다. 그리고 〈 텍스트 음 성 변환 텍스트 음성 변환 〉 [말할 (안녕하세요)]블록을 이용하여 "마음이 편해지는 파란색 무드등을 틀어드릴께요" 텍스트를 입력해줍니다.

6 (파랑), (초록), (빨강)의 단어가 음성인식결과에 포함되어 있을 때 말할 내용을 각각 다르게 설정하여 입력해줍니다.

7 〈 ● 연산 〉[〈 〉 또는 〈 〉] 블록을 이용하여 감정단어를 결합하여 넣어줄 수 있습니다.

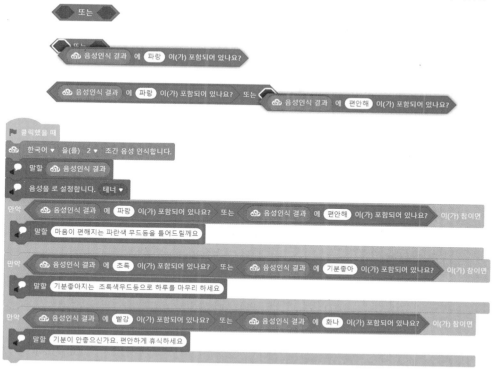

8 음성인식결과에 색과 기분도 나타내는 (파랑 또는 편안해), (초록 또는 기분좋아), (빨강 또는 화나) 단어가 음성인식결과에 포함되어 있다면 아두이노로 전송할 메시지 보내기 블록을 넣어봅니다.

아두이노 장치로 메시지를 전달하기 위해 〈 ● 업로드 모드 브로드캐스트 〉 [업로드모드 메시지 보내기 (#)] 블록을 넣어줍니다. (파랑 또는 편안해=blue), (초록 또는 기분좋아=green), (빨강 또는 화나=red) 메시지 값을 각각 다르게 설정하여 입력해줍니다.

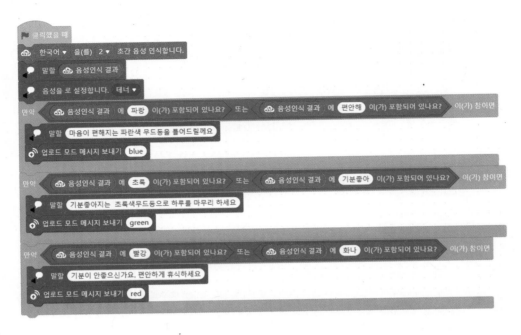

⑨ 여기까지 코딩하면 스프라이트 코딩 완성입니다.

3 _ [아두이노] 주요블록 알아보기

꾸러미	블록	설명
업로드 모드 브로...	업로드 모드 메시지를 수신할 때 message	아두이노에 프로그램 업로드 후 업로드 메시지를 수신할 때 사용하는 블록입니다.
핀	디지털 핀 9 번에 출력 high ▼ 으로 설정하기	아두이노의 핀에 연결된 디지털 값을 high=켜기 low=끄기 설정하는 블록입니다.

4 _ [아두이노] 코딩

자! 이제 아두이노 장치를 연결하여 음성인식결과에 따라 삼색 LED 가 작동할 수 있도록 장치를 선택하고 코딩해 보겠습니다.

1 〈 이벤트 〉 [arduino Uno가 켜지면] 블록, 〈 핀 〉 [(디지털핀 (9)번에 출력 (high) 으로 설정하기] 블록을 디지털 핀에 맞게 넣어줍니다. 디지털 신호는 0과 1로 표현할 수 있습니다. 아두이노에서 0은 low 값, 1은 high값으로 표현합니다. 아두이노가 켜지면 처음에는 LED가 꺼져 있는 상태로 초기화하기 위해서 모두 low 값으로 변경해둡니다.

2 파란불을 켜야 할 경우 〈 업로드 모드 브로드캐스트 〉 [업로드모드 메시지를 수신할 때 (#)] 블록에 수신 메시지값 (blue) 을 넣어줍니다.

〈 핀 〉 [(디지털핀 (9)번에 출력 (high) 으로 설정하기] 블록을 사용하여
〈 핀 〉 [(디지털핀 (11)번에 출력 (high) 으로 설정하기],
〈 핀 〉 [(디지털핀 (10)번에 출력 (low) 으로 설정하기],
〈 핀 〉 [(디지털핀 (9)번에 출력 (low) 으로 설정하기] 블록을 코딩해줍니다.

3 초록불을 켜야 할 경우 〈 업로드 모드 브로드캐스트 〉 [업로드모드 메시지를 수신할 때 ( )] 블록에 수신 메시지값 (green) 을 넣어줍니다. 〈 핀 〉 [(디지털핀 (9)번에 출력 (high) 으로 설정하기] 블록을 사용하여
〈 핀 〉 [(디지털핀 (11)번에 출력 (low) 으로 설정하기],
〈 핀 〉 [(디지털핀 (10)번에 출력 (high) 으로 설정하기],
〈 핀 〉 [(디지털핀 (9)번에 출력 (low) 으로 설정하기] 블록을 코딩해줍니다.

④ 빨간불을 켜야 할 경우 〈 🔘 업로드 모드 브로드캐스트 〉 [업로드모드 메시지를 수신할 때 ( )] 블록에 수신 메시지값 (red) 을 넣어줍니다. 〈 🔘 핀 〉 [(디지털핀 (9)번에 출력 (high) 으로 설정하기] 블록을 사용하여

〈 🔘 핀 〉 [(디지털핀 (11)번에 출력 (low) 으로 설정하기],

〈 🔘 핀 〉 [(디지털핀 (10)번에 출력 (low) 으로 설정하기],

〈 🔘 핀 〉 [(디지털핀 (9)번에 출력 (high) 으로 설정하기] 블록을 코딩해줍니다.

⑤ 여기까지 코딩하면 아두이노 코딩 완성입니다.

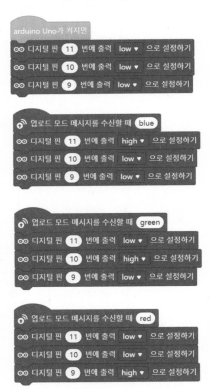

☑ 업로드를 클릭해서 프로그램을 업로드 합니다.

☑ 깃발을 클릭해서 음성인식을 시키고 삼색LED가 켜지는지 확인합니다.

☑ [파랑 또는 편안해]를 음성으로 인식시키고 파란색 led가 잘 켜지는지 확인합니다.

☑ [초록 또는 기분좋아]를 음성으로 인식시키고 초록색 led가 잘 켜지는지 확인합니다.

☑ [빨강 또는 화나]를 음성으로 인식시키고 빨간색 led가 잘 켜지는지 확인합니다.

7단계 마무리하기

☑ 음성인식으로 불을 모두 끄고 싶을 때 프로그램을 어떻게 수정해야 할지 생각해 봅시다.

☑ 연산 〉 또는 블록을 이용하여 다른 단어도 추가해서 프로그램을 확장해 봅시다.

 **엠블록 감정인식 인공지능 활용하기**

작품명	감정을 알아주는 내친구로봇	**3** 건강하고 행복한 삶 보장	레벨 ★★☆☆☆

완성 프로그램
10_감정을 알아주는내친구로봇.ent

학습목표 ▶
- 감정인식API를 이용하여 얼굴표정으로 감정을 알아내는 프로그램을 만들 수 있습니다.
- 피지컬 컴퓨터와 연결하여 감정으로 사물이 작동하는 방식을 이해하고 코딩할 수 있습니다.

1단계 ▶ 생각열기

1 _ 알아보기

인공지능이 사람과 같은 모습으로 감정을 소통하는 모습을 영화에서 본적 있나요? 인공지능은 가족이나 친구와 같은 역할을 해줄 수 있을까요? 사람의 마음을 공감해주며, 때로는 같이 웃고, 때로는 위로해주며, 인간보다 더욱 인간 같은 감정을 담은 말을 전하고, 사람의 감정을 알아준다는 것은 정말 고마운 일이겠지요. 감정인식 기술은 인공지능 개인비서 서비스나 자율주행자동차, 챗봇, 상품 판매 에이전트 등 사람들의 감정 상태를 정확하게 이해하고 커뮤니케이션을 하기위한 기술로 활용되고 있으며, 앞으로 인공지능 서비스의 경쟁력을 결정하는 핵심 요소로 주목받고 있다고 합니다.

2 _ 미션 확인하기

감정인식 서비스를 이용하여 얼굴을 인식하고 표정에 따라 함께 울고 웃는 로봇 프로그램을 만들어 보려고 합니다. 행복한 표정, 무표정한 표정, 놀라는 표정, 슬픈 표정 여러분의 얼굴을 인식시켜보고 감정의 강도가 화면에 나타나고, 감정 상태에 따라서 로봇의 표정도 바뀌는 프로그램을 만들어 보도록 하겠습니다.

시작화면	슬픈감정인식화면

실습 결과 동영상 QR코드

https://youtu.be/99r9zcIWziU

2단계 ▶ 준비하기

1 _ 재료 준비하기

키워드   감정인식서비스, 도트매트릭스

재료
준비

아두이노 우노	도트매트릭스	점퍼선(F-M)	USB 케이블
1개	1개	5줄	1개

TIP 도트매트릭스란?

도트매트릭스는 8×8 64개의 LED로 이루어져 있으며, 주어진 신호 값에 따라서 빨간 점이 켜집니다.
다양한 문자, 기호, 표정 등을 직접 그려 볼 수 있습니다.

2 _ 회로 연결하기

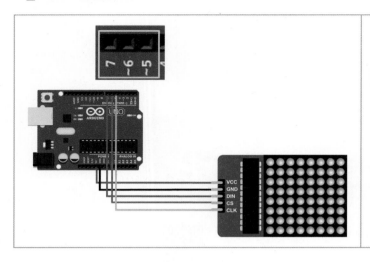

도트 매트릭스	아두이노 핀
DIN	7
CS	6
CLK	5
VCC	5V
GND	GND

1 도트매트릭스 DIN핀은 아두이노 7번 핀에 연결합니다.

2 도트매트릭스 CS핀은 아두이노 6번 핀에 연결합니다.

3 도트매트릭스 CLK핀은 아두이노 5번 핀에 연결합니다.

4 도트매트릭스 VCC핀은 아두이노 5V핀에 연결합니다.

5 도트매트릭스 GND핀은 아두이노 GND핀에 연결합니다.

6 회로 연결후 USB포트를 이용하여 컴퓨터와 연결합니다.

전원LED 확인

USB포트 연결

3 _ 엠블록 장치 연결하기

엠블록에 아두이노와 같은 외부장치를 연결하려면 엠블록 장치를 이용합니다.

엠블록 장치를 연결하는 방법은 9장 4.엠블록 장치 연결하기를 참고하면 됩니다.

엠블록 설치 및 가입하기는 9장 3.엠블록 설치 및 가입하기를 참고하면 됩니다.

3단계 ▶ 확장하기

1 _ 스프라이트 확장블록

인식서비스	업로드 모드 브로드캐스트

1 인공지능의 서비스를 이용하기 위해 확장블록을 추가 합니다. 반드시 로그인이 필요합니다. (회원가입 방법은 9장 3.엠블록 설치 및 가입하기 참고하면 됩니다.)

2 인식서비스는 엠블록의 확장 블록으로 비디오, 음성, 언어 및 지식과 같은 기능을 사용할 수 있습니다.

3 업로드 모드 브로드캐스트는 장치(디바이스)와 스프라이트가 상호 작용을 할 수 있도록 도와주는 블록입니다.

4 블록 꾸러미 하단에서 🔲 확장 버튼을 눌러 확장 센터로 이동합니다. (확장하는 방법은 9장을 참고하면 됩니다.)

> **TIP** API(application programming interface) 는 컴퓨터나 컴퓨터 프로그램 사이의 연결입니다.
> 일종의 소프트웨어 인터페이스이며 확장된 소프트웨어에 서비스를 제공합니다.

2 _ 장치(디바이스) 확장블록

업로드 모드 브로드캐스트	MAX72

1 스프라이트에서 업로드 모드 브로드캐스트를 추가했다하더라도 장치(디바이스)에서도 업로드 모드 브로드캐스트를 반드시 추가해줘야 합니다. (업로드 모드 브로드캐스트 확장하는 방법은 9장을 참고하면 됩니다.)

2 마찬가지 방법으로 도트 매트릭스를 사용하기 위한 블록으로 MAX72를 검색하여 확장합니다.

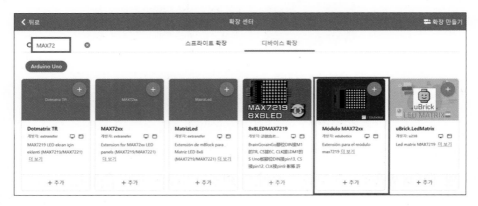

3 초록색 화살표가 있는 경우는 확장블록을 신규로 추가일 때이거나 업데이트 되었을 경우입니다. 신규로 추가하실 때는 반드시 초록색 화살표를 눌러 다운로드 완료 후에 [+추가]를 클릭하여 추가합니다.

4 장치에서 [MAX72] 확장 블록이 생긴 것을 확인합니다.

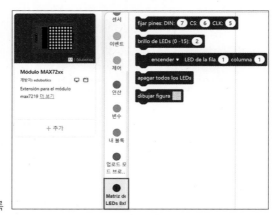

4단계 ▶ 디자인하기

1 _ 화면구성하기

화면구성을 위해 배경을 "실내 〉 Living room1"로 정하고 "판타지 〉 C-codey-rocky" 스프라이트를 선택하여 추가해둡니다. (배경 및 스프라이트를 추가하는 방법은 9장을 참고하면 됩니다.)

TIP 배경과 주인공 스프라이트를 자유롭게 선택해도 됩니다.

배경정하기	스프라이트 선택하기
Living room1	C-codey-rocky

2 _ 스프라이트 편집하기

1 구현할 기능에 따라 다양한 스프라이트를 추가하거나 편집해야 하는 경우가 발생됩니다. 스프라이트 내에서 있는 모양 (모양) 버튼을 눌러 기본, 행복, 중립, 놀람, 슬픔 5가지의 표정을 자유롭게 등록해둡니다.

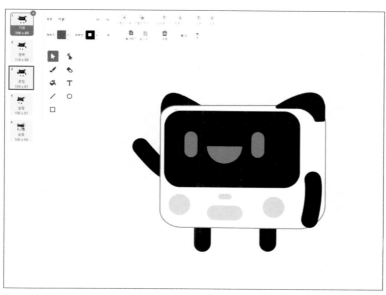

2 각각 표정별로 이름을 수정할 수 있습니다. 텍스트로 모양의 이름을 등록해두시면 코딩할 때 쉽게 해당 이미지를 찾아서 사용할 수 있습니다.

5단계 ▶ 코딩하기

1 _ [스프라이트] 주요블록 알아보기

꾸러미	블록	설명
인식 서비스	1 ▾ 초 후, 감정 인식하기	감정인식블록입니다. 8가지 감정을 인식할 때 사용하는 블록입니다.
	감정이 행복 ▾ 입니까?	설감정 인식된 결과를 8가지로 구분하여 결과를 나타내는 블록으로, 이 블록으로 다양한 결과를 코딩할 수 있습니다.
형태	안녕! 을(를) 2 초 동안 말하기	입력한 텍스트를 화면 말풍선에서 보여주는 블록입니다.
업로드 모드 브로드 캐스트	업로드 모드 메시지 보내기 message	아두이노 장치와 스프라이트가 서로 상호 작용할 수 있도록 업로드모드 메시지를 송신할 때 사용하는 블록입니다.

2 _ [스프라이트] 코딩하기

인식서비스 블록을 사용해 감정 인식이 잘되는지 확인합니다.

C-codey-rocky 스프라이트에서 코딩을 시작합니다.

1 ⟨ 이벤트 ⟩ [깃발을 클릭했을 때]블록, ⟨ 인식서비스 인식서비스 ⟩ [(2)초 후 감정 인식 하기] 블록을 사용해 감정인식을 시작합니다. 이때 2초, 5초, 10초를 선택할 수 있으나 2초 가 가장 적당합니다.

2 ⟨ 제어 ⟩ [만약 ( ) 이(가) 참이면] 블록을 사용해 조건식을 만듭니다. ⟨ 인식서비 인식 서비스 ⟩ [감정이 ( ) 입니까?] 블록을 이용해, 만약 인식한 감정이 (행복) 이라면으로 선택해둡니다. ⟨ 형태 형태 ⟩ [(안녕!) 을(를) (2) 초 동안 말하기] 블록을 사용해 행복한 기분이 인식된 상태이니 (기분이 좋아요) 라는 문장을 말하도록 코딩합니다.

3 (행복), (중립), (놀람), (슬픔) 4가지 감정을 선택하고 감정에 어울리는 문장을 말하도 록 코딩합니다. 중립은 무표정을 의미합니다.

4 시작하기  버튼을 눌러 인식 창에 표정을 지어보고 인식이 잘 되는지 확인합니다. 인식창에 2초, 1초 숫자가 나타납니다. 숫자가 없어지기 전에 표정을 지어야 합니다.

감정인식이 잘 되고 있다면, 표정별로 어울리는 스프라이트의 모양을 바꾸어 넣어주고, 아두이노 장치로 전송할 메시지를 넣어 프로그램으로 업그레이드 해 보겠습니다.

5 〈 이벤트 〉 [깃발을 클릭했을 때] 블록 아래 , 〈 형태 〉 [모양을 (기본)으로 바꾸기] 를 추가해 줍니다. 감정이 인식되지 않았을 때 보여지는 기본모양입니다.

6 각 표정의 조건 문안에 〈 형태 〉 [모양을 (기본)으로 바꾸기] 블록을 만들어둔 스프라이트 모양에 맞도록 (행복), (중립), (놀람), (슬픔) 4가지 감정을 추가해줍니다.

7 아두이노 장치로 메시지를 전달하기 위해 〈 업로드모드 브로드캐스트〉 업로드 모드 브로드캐스트〉 [업로드모드 메시지 보내기 ( )] 블록을 넣어줍니다. (행복=happy), (중립=soso), (놀람=oh), (슬픔=sad)의 메시지 값을 각각 다르게 설정하여 입력해줍니다.

8 여기까지 코딩하면 스프라이트 코딩 완성입니다.

3 _ [아두이노] 주요블록 알아보기

꾸러미	블록	설명
업로드 모드 브로…	업로드 모드 메시지를 수신할 때 message	아두이노에 프로그램 업로드 후 업로드 메시지를 수신할 때 사용하는 블록입니다.
Matriz de LEDs 8x8	fijar pines: DIN: 7 CS: 6 CLK: 5	도트 매트릭스를 사용하기위한 확장블록입니다.
	dibujar figura	도트 매트릭스의 모양을 디자인할 수 있는 블록입니다.

4 _ [아두이노] 코딩

자! 이제 아두이노 장치를 연결하여 감정에 따라 도트매트릭스에 표정을 디자인하고 작동할 수 있도록 코딩해 보겠습니다.

1 〈 ● 이벤트 〉[arduino Uno가 켜지면] 블록, 〈 ● 형태〉 Matriz de LEDs 8×8 〉
[fijar pines : DIN: (7) CS:(6) CLK:(5)] 블록을 넣어줍니다. 도트매트릭스를 사용하기 위
한 블록으로 DIN:(7) CS:(6) CLK:(5) 도트매트릭스가 연결되어 있는 핀 값과 일치하는지
확인합니다.

2 도트매트릭스를 사용하기 위해 〈 ● 형태〉 Matriz de LEDs 8×8 〉 [dibujar figura]
블록을 넣어줍니다. 모눈종이 모양을 클릭하면 다음과 같은 기본화면이 보입니다. 원하는
모양을 디자인할 수 있습니다.

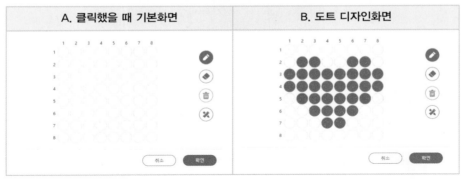

3 아두이노에서 감정 인식 값을 전달받기 위해 〈 ● 업로드 모드 브로드캐스트〉 [업로드
모드 메시지를 수신할 때 (　)] 블록을 넣어줍니다. 행복한 감정의 메시지 값으로 정해둔
happy를 텍스트로 입력하고 〈 ● 형태〉 Matriz de LEDs 8×8 〉 [dibujar figura] 블록
을 넣어주고 행복한 표정으로 도트 디자인을 완성합니다.

4 〈 업로드 모드 브로드캐스트〉[업로드모드 메시지를 수신할 때 ( )] 블록과
〈 형태〉Matriz de LEDs 8×8 〉 [dibujar figura] 블록 이용하여 (행복=happy),
(중립=soso), (놀람=oh), (슬픔=sad)의 수신되는 메시지 값을 각각 입력하고 알맞은 표정
을 디자인 해줍니다.

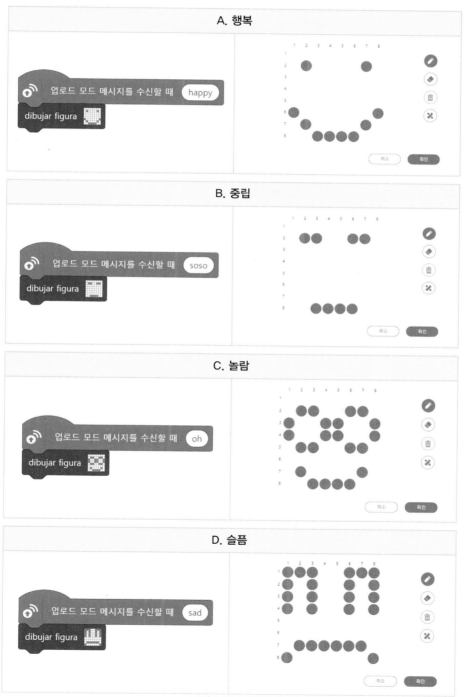

⑤ 여기까지 코딩하면 아두이노 코딩 완성입니다.

① 업로드를 클릭해서 프로그램을 업로드 합니다. 업로드하는 방법은 9장을 참고하면 됩니다.

② [행복]을 선택하고 스프라이트 모양과 도트매트릭스에 표정이 잘 나타나는지 확인합니다.

③ [중립]을 선택하고 스프라이트 모양과 도트매트릭스에 표정이 잘 나타나는지 확인합니다.

④ [놀람]을 선택하고 스프라이트 모양과 도트매트릭스에 표정이 잘 나타나는지 확인합니다.

⑤ [슬픔]을 선택하고 스프라이트 모양과 도트매트릭스에 표정이 잘 나타나는지 확인합니다.

① 감정인식에 따라 소리블록을 이용하여 어울리는 음악을 추가하려면 프로그램을 어떻게 수정해야 할지 생각해 봅시다.

② 4가지 감정 이외에 다른 감정도 추가해서 프로그램을 확장해 봅시다.

데이터는 컴퓨터가 이해하고 처리하는 단위를 말합니다. 일상생활에서 일어나는 일들을 기록하여 컴퓨터가 이해할 수 있는 형태로 저장하여 데이터로 사용할 수 있습니다.

예를 들면 인공지능은 '사과' 그림 데이터를 보고 '사과'로 판단하기 위해 많은 양의 사과그림을 보고 특징을 발견하고 학습하여 다양한 사과 그림 데이터를 갖게 됩니다.

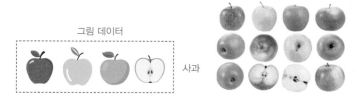

날씨 데이터에는 온도, 습도, 비, 눈, 바람, 구름 등의 상태를 나타내는 데이터가 있습니다.

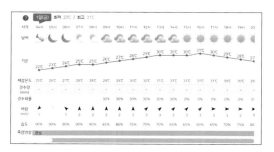

인공지능이 여러 가지 일을 할 수 있는 것은 목적에 맞는 많은 데이터(훈련용)를 입력받아서 학습하고 스스로 판단할 수 있는 능력이 생기기 때문입니다. 잘못된 데이터를 가지고 학습하거나 적은 양의 데이터로 학습을 하면 좋은 인공지능 모델을 만들 수 없습니다.

성능이 좋은 인공지능을 만들기 위해서는 많은 데이터를 컴퓨터에게 학습 시켜서 좋은 인공지능 모델을 만듭니다. 데이터의 종류는 문자데이터, 이미지(그림) 데이터, 소리데이터, 영상 데이터, 표 데이터 등이 있습니다.

데이터의 종류

빅데이터는 기존 데이터 관리 능력을 넘는 많은 양의 데이터를 말하며, 데이터로부터 지식, 정보, 가치를 얻어내고 결과를 분석하기 위한 기술입니다.

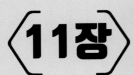

〈11장〉 엠블록 기후데이터 인공지능 활용하기

작품명 ▶ **에너지 절약 실내 환풍기**

7 에너지의 친환경적 생산과 소비

레벨 ★★☆☆☆

완성 프로그램
11_에너지 절약 실내 환풍기.ent

학습목표 ▶
- 날씨 API를 이용하여 주변의 온도, 공기질을 확인해보고 다양한 프로그램을 만들 수 있습니다.
- 날씨와 대기오염상태에 따라 피지컬 컴퓨터와 연결하여 활용하는 방식을 이해할 수 있습니다.

1단계 ▶ 생각열기

1 _ 알아보기

맑은 하늘을 보면 기분이 좋아지지요? 여러분은 맑은 하늘을 몇 번이나 보셨나요. 예전에는 매우 아름답고 선명한 파릇파릇한 나무들을 많이 보곤 했는데, 최근에는 대기가 오염되어 뿌옇게 보이는 날이 많아진 거 같아요. 그렇다고 문을 꼭꼭 닫고 있어도 안 된다고 하지요. 실내에서도 가정의 연료소비 등 사람들의 생활이나 활동에 따라 생기는 먼지 때문에 오염되어 있기 때문이에요. 미세먼지 가득한 하늘도 걱정이지만 실내공기도 반드시 순환시키고 환기도 해주어야 한다고 해요. 초미세먼지 오염도를 자동으로 측정하여 알아서 환기를 해준다면 정말 편리하겠네요.

2 _ 미션 확인하기

날씨 API를 이용하여 지역의 공기질 상태를 확인해봅니다. 초미세먼지 기준을 정해두고 기준 이상이 되면 쿨링팬을 작동시켜 자동으로 실내공기를 환기 시켜주는 프로그램을 만들어 보도록 하겠습니다.

시작화면	미세먼지 측정 후

실습 결과 동영상 QR코드

https://youtu.be/bw9BqCYh9CE

2단계 ▶ 준비하기

1 _ 재료 준비하기

키워드 날씨API, 음성변환 서비스, 쿨링팬

재료 준비

아두이노 우노	팬	점퍼선(F-M)	USB 케이블
1개	1개	2줄	1개

2 _ 회로 연결하기

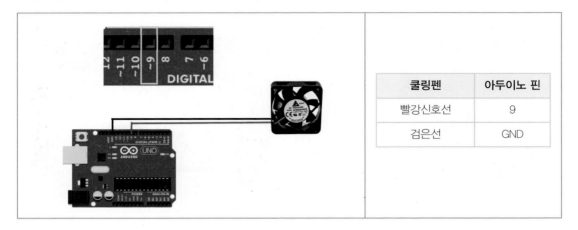

쿨링펜	아두이노 핀
빨강신호선	9
검은선	GND

1 팬의 빨강(신호)선은 아두이노 9번 핀에 연결합니다

2 팬의 검정(GND)선은 아두이노 GND핀에 연결합니다

3 회로 연결후 USB포트를 이용하여 컴퓨터와 연결합니다.

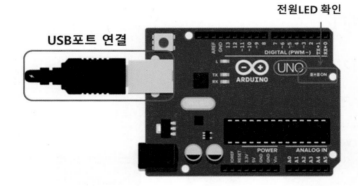

3 _ 엠블록 장치 연결하기

엠블록에 아두이노와 같은 외부장치를 연결하려면 엠블록 장치를 이용합니다.

엠블록 장치를 연결하는 방법은 9장 4.엠블록 장치 연결하기를 참고하면 됩니다.

엠블록 설치 및 가입하기는 9장 3.엠블록 설치 및 가입하기를 참고하면 됩니다.

1 _ 스프라이트 확장블록

기후데이터	업로드 모드 브로드캐스트	Text to Speech
기후 데이터	업로드 모드 브로드캐스트	Text to Speech
By mBlock official	By mBlock official	개발자: MIT Media Lab
확장은 실시간 기후 데이터에 대한 빠른 액세스를 제공 합니다.	이 확장을 추가 하여 장치가 업로드 모드에서 스프라이트와 상호 작용 할 수 있도록 합니다.	Make your projects talk. (not available in China yet)

1 기후데이터는 실시간 기후 데이터 (온도, 습도, 날씨, 공기질 등) 정보를 제공해주는 블록입니다.

2 업로드 모드 브로드캐스트는 장치(디바이스)와 스프라이트가 상호 작용을 할 수 있도록 도와주는 블록입니다.

3 Text to Speech 는 입력된 텍스트를 다양한 음성으로 말해주는 확장 블록입니다.

4 블록 꾸러미 하단에서 🔌 확장 버튼을 눌러 확장 센터로 이동합니다.
(확장하는 방법은 9장을 참고하면 됩니다.)

2. _ 장치(디바이스) 확장블록

업로드 모드 브로드캐스트
업로드 모드 브로드캐스트
By mBlock official
이 확장을 추가 하 여 장치가 업로드 모드에서 스프라이트와 상호 작용 할 수 있도록 합니다.

1 스프라이트에서 업로드 모드 브로드캐스트를 추가했다하더라도 장치(디바이스)에서도 업로드 모드 브로드캐스트를 반드시 추가해줘야 합니다. (확장하는 방법은 9장을 참고하면 됩니다.)

1 _ 화면구성하기

화면구성을 위해 배경을 "실내 〉 Kitchen2 "로 정하고 "동물〉 Panda", "버팀대〉 Fan blade"
스프라이트를 선택하여 추가해둡니다. (배경을 추가하는 방법은 9장을 참고하면 됩니다.)

배경정하기	스프라이트 1	스프라이트 2
Kitchen2	Panda	Fan blade

5단계 코딩하기

1 _ [스프라이트] 주요블록 알아보기

꾸러미	블록	설명
기후 데이터	위치 공기 질 Aqi ▾ 인덱스	위치를 선택할 수 있으며 지역의 공기질을 알 수 있습니다.
변수	초미세먼지 ▾ 을(를) 0 로(으로) 설정하기	선택한 변수에 값을 설정하는 블록입니다.
연산	> 50	값을 비교할 때 사용되는 블록입니다.
	또는	첫 번째 값이나 두 번째 값 중 하나라도 참 일때 결과는 참값이 되는 블록입니다.
이벤트	메시지1 ▾ 을(를) 받았을 때	특정동작을 할 수 있도록 신호를 받을 때 사용하는 블록입니다.
	메시지1 ▾ 을(를) 보내기	특정동작을 할 수 있도록 신호를 보낼 때 사용하는 블록입니다.
관찰	타이머 초기화	타이머를 0으로 초기화타이머의 값합니다.
	타이머	타이머의 값을 정할 때 사용하는 블록입니다.

2 _ [스프라이트] 코딩하기

Panda 스프라이트에서 코딩을 시작합니다.

1 〈 ● 변수〉 블록꾸러미를 선택하고 [변수 만들기]를 이용해 초미세먼지 농도를 저장할 수 있도록 변수를 만들어두고 체크박스를 클릭해둡니다.

TIP 체크박스에 표기를 해두면 변수 값을 무대화면에서 확인할 수 있어서 편리합니다.

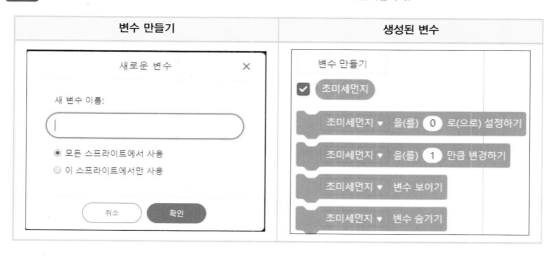

2 〈 ● 이벤트〉 [클릭했을 때] 블록, 〈 ● 관찰〉 [타이머초기화] 을 넣어둡니다.

3 〈 ● 기후데이터〉 [(위치)공기질 (Api) 인덱스]에 위치를 설정하려면 서울, 경기, 부산등 키워드를 한글로 입력하면 측정이 가능한 세부주소가 나옵니다. 측정하고 싶은 지역을 선택하면 됩니다. 그리고 공기질은 초미세먼지 농도(PM2.5) 값을 알아보기 위해

오후2.5를 선택합니다. 오후2.5는 엠블록 자체 번역이 잘못된 것이나 코딩하는 데는 문제가 없습니다.

4 〈 변수 〉[(초미세먼지) 을(를) (0) 으로 설정하기] 에 변수에 〈 기후데이터 〉 [(위치)공기질 (Api) 인덱스]를 넣어주고 지역을 선택합니다. 예시로 Seoul(신촌,서울)로 설정해두었습니다. 초미세먼지 농도를 확인하기 위해 오후 2.5로 설정합니다.

5 〈 텍스트 음성 변환 〉[말할 (안녕하세요)] 블록 안에 〈 연산 〉[(사과)와 (바나나) 을(를) 결합한 문자열] 두 개에 〈 변수 〉[초미세먼지] 변수 값을 결합하여 문장을 만들어 봅니다.

6 〈 제어 〉[만약 ( ) 이(가) 참이면 ~아니면] 블록을 이용합니다.
〈 제어 〉[만약 ( ) 이(가) 참이면] 블록, 〈 변수 〉[초미세먼지] 변수를 이용해
〈 형태〉[(안녕!) 을(를) 말하기] 블록을 이용해 말하게 합니다.

초미세먼지 농도가 0이상 15이하이면 "초미세먼지 상태가 좋음입니다."초미세먼지 농도가 16이상 35이하이면 "초미세먼지 상태가 보통입니다."초미세먼지 농도가 36이상이면 "초미세먼지 농도가 나쁨입니다. 환풍기가 작동합니다." 말하게 텍스트를 입력합니다.

〈미세먼지(PM$_{2.5}$ 예보기준(일평균) 강화내용〉

(단위 : $\mu g/m^3$)

구분	좋음	보통	나쁨	매우나쁨
현행	0~15	16~50	51~100	101이상
개정	0~15	16~35	36~75	76이상

– 출처 : 환경부 2018 미세먼지 환경기준 강화내용

블록들이 계속해서 반복 실행할 수 있도록 〈 이벤트 〉[계속반복하기] 블록으로 감싸 줍니다.

7 초미세먼지 농도가 36이상일 경우 fan blade 스프라이트로 신호를 보내기 위해 〈 이벤트 〉[( ) 을(를)보내기] 블록을 이용하여 새로운 메세지 이름을 만들어 넣어줍니다. 새 메세지는 (작동=fan), (멈춤=off) 로 만들어 줍니다.

새 메시지 만들기	생성된 메세지

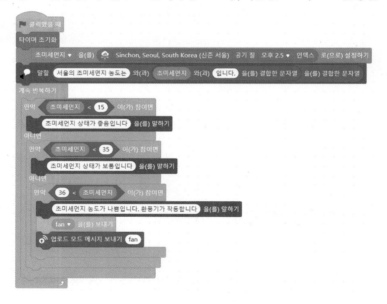

그리고 환풍기를 작동시키거나 멈추게 하기 위해 아두이노 장치로 메시지를 전달할 〈 업로드 모드 브로드캐스트〉 [업로드모드 메시지 보내기 ( )] 블록을 넣어줍니다. 팬을 작동시킬 때도 전송할 수신코드는 (작동=fan), (멈춤=off) 로 설정합니다.

8 마지막으로 팬이 일정시간 동안 동작하게 할 예정이므로 타이머를 추가로 설정해 줍니다. 〈 제어 〉 [만약 ( ) 이(가) 참이면] 블록에 〈 연산 〉 [( ) 〉 30] 블록 안에 〈 관찰 〉 [타이머]를 이용하여 타임 값이 20초가 넘으면 정지할 수 있도록 조건식을 만들고, 〈 업로드 모드 브로드캐스트〉 [업로드모드 메시지 보내기 ( )] 블록을 넣어줍니다. (멈춤=off) 으로 설정합니다. 〈 이벤트 〉 [( ) 을(를) 보내기] 블록을 이용하여 (멈춤=off) 으로 설정하고 〈 제어 〉 [정지 [모두] 블록을 넣어줍니다.

9 여기까지 Panda 스프라이트 코딩이었습니다.

```
클릭했을 때
타이머 초기화
초미세먼지 ▼ 을(를)  Sinchon, Seoul, South Korea (신촌 서울)  공기 질  오후 2.5 ▼  인덱스  로(으로) 설정하기
말할  서울의 초미세먼지 농도는  와(과)  초미세먼지  와(과)  입니다.  을(를) 결합한 문자열  을(를) 결합한 문자열
계속 반복하기
  만약  초미세먼지  <  15  이(가) 참이면
    조미세먼지 상태가 좋음입니다  을(를) 말하기
  아니면
  만약  초미세먼지  <  35  이(가) 참이면
    초미세먼지 상태가 보통입니다  을(를) 말하기
  아니면
  만약  36  <  초미세먼지  이(가) 참이면
    초미세먼지 농도가 나쁨입니다. 환풍기가 작동합니다  을(를) 말하기
    fan ▼  을(를) 보내기
    업로드 모드 메시지 보내기  fan
  만약  타이머  >  20  이(가) 참이면
    설정된 시간이 되어 정지합니다  을(를) 말하기
    off ▼  을(를) 보내기
    업로드 모드 메시지 보내기  off
    정지  모두 ▼
```

Fan blade

이제 두 번째 스프라이트 Fan blade코딩을 해보겠습니다.

1 팬에 신호를 보낼 수 있도록 (작동=fan), (멈춤=off) 신호를 이용합니다.

새 메시지 만들기	생성된 메세지

❷ 〈 ⬤ 이벤트 〉 [(새 메세지)을(를) 받았을 때] 블록, fan 을 받았을 때 〈 ⬤ 제어 〉 [계속반복하기] 블록에 〈 ⬤ 동작〉 [오른쪽으로 (15) 도 돌기]를 넣어둡니다.

〈 ⬤ 이벤트 〉 [(새 메세지)을(를) 받았을 때] 블록, off 을 받았을 때 〈 ⬤ 동작〉 [오른쪽으로 (0) 도 돌기]를 넣어둡니다.

3 _ [아두이노] 주요블록 알아보기

꾸러미	블록	설명
⬤ 업로드 모드 브로...	📡 업로드 모드 메시지를 수신할 때 message	아두이노에 프로그램 업로드 후 업로드 메시지를 수신할 때 사용하는 블록입니다.
⬤ 핀	∞ pWM 핀 ⑤ 에 출력 ⓪ 로 설정	아두이노 장치에 아날로그 값으로 출력합니다.

4 _ [아두이노] 코딩하기

자! 이제 아두이노에 연결되어 있는 팬이 초미세먼지 농도에 따라 신호를 받고 작동할 수 있도록 코딩해 보겠습니다.

❶ 〈 ⬤ 이벤트 〉 [arduino Uno가 켜지면] 블록, 〈 ⬤ 핀 〉 [pWM 핀(9)번에 출력 (0) 으로 설정하기] 블록을 넣어줍니다.

❷ 환기팬을 작동 시켜야 할 경우 〈 ⬤ 업로드 모드 브로드캐스트 〉 [업로드모드 메시지를 수신할 때 ( )] 블록에 수신 메시지값 (fan) 을 넣어줍니다. 〈 ⬤ 핀 〉 [pWM 핀(9)번에 출력 (1000) 으로 설정하기] 블록을 넣어줍니다.

환기팬을 정지 시켜야 할 경우 〈 🔊 업로드 모드 브로드캐스트 〉 [업로드모드 메시지를 수
신할 때 W (　)] 블록에 수신 메시지값 (off) 을 넣어줍니다. 〈 ● 핀 〉[pWM 핀(9)번에
출력 (0) 으로 설정하기] 블록을 넣어줍니다.

③ 여기까지 코딩하면 아두이노 코딩 완성입니다.

6단계 ▶ **테스트하기**

① 업로드를 클릭해서 프로그램을 업로드 합니다.(업로드하는 방법은 9장을 참고하면 됩니다.)
② 설정해둔 지역의 초미세먼지 농도를 확인해 봅니다.
③ 팬이 동작하는 것을 확인하기 위해 기준 값을 변경해 보거나 지역을 변경해보도록 합니다.
④ 타이머가 잘 작동하는지 확인합니다.

7단계 ▶ **마무리하기**

① 환기시간을 늘리려면 어떻게 수정해야 할지 생각해 봅시다.
② led전구를 이용하여 쿨링팬이 작동할 때 불빛이 켜지도록 코딩을 변경해봅시다.

인공지능은 이미지 인식을 어떻게 할까?

인공지능은 이미지(그림)를 어떻게 보고 이해하는지 알아봅니다. 사람은 눈으로 그림, 영상 정보를 보고 이해합니다. 인공지능은 컴퓨터에서 이미지(그림), 영상을 데이터(정보)로 입력받아서 이해합니다.

다음 엔트리의 배경화면을 보고 사람은 눈으로 보고 그림의 정보를 이해합니다. 인공지능은 이 그림을 수많은 네모칸(픽셀)으로 나누고 네모칸 안의 숫자를 읽어서 그림을 보고 이해합니다. 또한, 엔트리에서는 비디오 감지 기능으로 외부 이미지, 영상을 봅니다.

사람이 이미지 이해하는 방식　　　　　　　컴퓨터가 이미지 이해하는 방식

다음 그림은 손 글씨 '2'와 '5'입니다. 그림은 가로 25칸 세로 25칸으로 이루어져 있습니다.

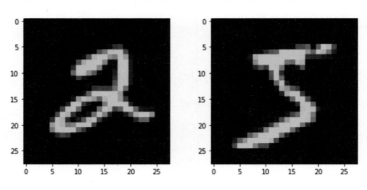

이 그림을 컴퓨터는 각각의 칸을 픽셀 값으로 색을 표현하고 패턴을 분석해서 이미지를 인식합니다.

```
0  0  0  0  0  0  0  0  0  0  0  0   0   0   0   0   0   0   0   0   0   0   0   0   0  0  0  0
0  0  0  0  0  0  0  0  0  0  0  0   0   0   0   0   0   0   0   0   0   0   0   0   0  0  0  0
0  0  0  0  0  0  0  0  0  0  0  0   0   0   0   0   0   0   0   0   0   0   0   0   0  0  0  0
0  0  0  0  0  0  0  0  0  0  0  0   0   0   0   0   0   0   0   0   0   0   0   0   0  0  0  0
0  0  0  0  0  0  0  0  0  0  0  0   0   0   0   0   0   0   0   0   0   0   0   0   0  0  0  0
0  0  0  0  0  0  0  0  0  0  0  0   3  18  18  18 126 136 175  26 166 255 247 127  0  0  0  0
0  0  0  0  0  0  0 30 36 94 154 170 253 253 253 253 253 225 172 253 242 195  64  0  0  0  0
0  0  0  0  0  0 49 238 253 253 253 253 253 253 253 251  93  82  82  56  39   0   0  0  0  0  0
0  0  0  0  0  0 18 219 253 253 253 253 253 198 182 247 241   0   0   0   0   0   0  0  0  0  0
0  0  0  0  0  0  0 80 156 107 253 253 205  11   0  43 154   0   0   0   0   0   0  0  0  0  0
0  0  0  0  0  0  0  0 14   1 154 253  90   0   0   0   0   0   0   0   0   0   0  0  0  0  0
0  0  0  0  0  0  0  0  0   0 139 253 190   2   0   0   0   0   0   0   0   0   0  0  0  0  0
0  0  0  0  0  0  0  0  0   0  11 190 253  70   0   0   0   0   0   0   0   0   0  0  0  0  0
0  0  0  0  0  0  0  0  0   0   0  35 241 225 160 108   1   0   0   0   0   0   0  0  0  0  0
0  0  0  0  0  0  0  0  0   0   0   0  81 240 253 253 119  25   0   0   0   0   0  0  0  0  0
0  0  0  0  0  0  0  0  0   0   0   0   0  45 186 253 253 150  27   0   0   0   0  0  0  0  0
0  0  0  0  0  0  0  0  0   0   0   0   0   0  16  93 252 253 187   0   0   0   0  0  0  0  0
0  0  0  0  0  0  0  0  0   0   0   0   0   0   0   0 249 253 249  64   0   0   0  0  0  0  0
0  0  0  0  0  0  0  0  0   0   0   0  46 130 183 253 253 207   2   0   0   0   0  0  0  0  0
0  0  0  0  0  0  0  0  0   0  39 148 229 253 253 253 250 182   0   0   0   0   0  0  0  0  0
0  0  0  0  0  0  0  0  0  24 114 221 253 253 253 253 201  78   0   0   0   0   0  0  0  0  0
0  0  0  0  0  0  0  0 23 66 213 253 253 253 253 198  81   2   0   0   0   0   0  0  0  0  0
0  0  0  0  0 18 171 219 253 253 253 253 195  80   9   0   0   0   0   0   0   0   0  0  0  0  0
0  0  0  0 55 172 226 253 253 253 253 244 133  11   0   0   0   0   0   0   0   0   0  0  0  0  0
0  0  0  0 136 253 253 253 212 135 132  16   0   0   0   0   0   0   0   0   0   0   0  0  0  0  0
0  0  0  0  0  0  0  0  0   0   0   0   0   0   0   0   0   0   0   0   0   0   0  0  0  0  0
0  0  0  0  0  0  0  0  0   0   0   0   0   0   0   0   0   0   0   0   0   0   0  0  0  0  0
0  0  0  0  0  0  0  0  0   0   0   0   0   0   0   0   0   0   0   0   0   0   0  0  0  0  0
```

숫자로 이루어져 있는 그림이 여러분도 '5'로 보이나요?

많은 데이터를 가지고 학습을 한 인공지능은 '5' 그림을 숫자 '5'로 인식합니다.

> **픽셀(pixel)은 무엇인가요?**
>
> 네모 칸 픽셀(pixel)은 디지털 이미지를 구성하는 기본 단위로 0 ~ 255(픽셀 값)으로 표현합니다. 픽셀은 화소라고도 합니다.

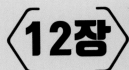

| **작품명** | **암호카드 인식기 만들기** | **9** 산업의 성장과 혁신 활성화 및 사회기반시설 구축 | **레벨 ★ ★ ★ ☆ ☆** **완성 프로그램** 12_암호카드인식기만들기.ent |

학습목표 ▶
- 글자인식API를 이용하여 출입을 통제하는 프로그램을 만들 수 있습니다.
- 피지컬 컴퓨터와 연결하여 글자를 인식하는 방식을 이해하고 코딩 할 수 있습니다.

1단계 ▶ 생각열기

1 _ 알아보기

IT 기술의 급격한 발전에 따라 다양한 분야에서 자동화가 이루어지고 있어요. 특히 출입문 제어 시스템이 빠르게 발전하면서 디지털 도어락이 인공지능과 결합하면서 발전하고 있어요. 집이 주인을 알아보고 스스로 문을 열어준다거나, 공중화장실에서 남자 여자를 구분하여 출입을 허용해준다거나, 옥상출입문은 관계자만 출입할 수 있도록 할 수도 있겠지요. 또, 중요한 공간에 입장할 수 있도록 시크릿 암호카드를 만들어 특정사람들만 출입을 허용할 수도 있겠지요. 인공지능 디지털 도어락 관련 다양한 서비스들이 이어질 것으로 예상되는데요. 여러분들은 어떤 아이디어가 있나요?

2 _ 미션 확인하기

글자인식 API를 이용하여 중요한 회의실에 입장할 때 암호카드가 있어야 출입이 허용되는 암호카드 인식기를 만들어 봅시다. 출입을 허용할 수 있는 암호를 미리 만들어두고, 문자인식결과에 따라 LCD에서 메시지를 보여주는 프로그램을 만들어 보도록 하겠습니다.

시작화면	암호확인실행

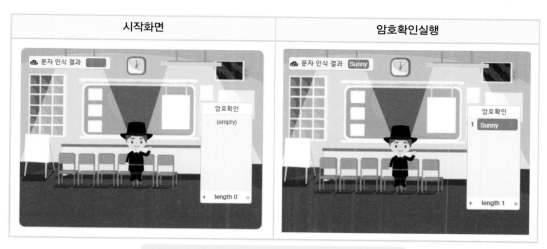

실습 결과 동영상 QR코드

https://youtu.be/8rnyDrMKYy4

2단계 ▶ 준비하기

1 _ 재료 준비하기

키워드 글자인식, I2C LCD

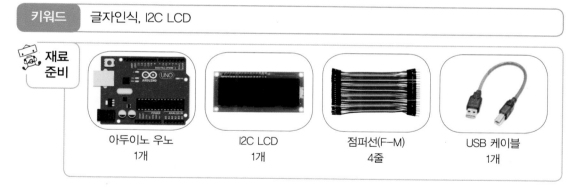

재료
준비

아두이노 우노	I2C LCD	점퍼선(F-M)	USB 케이블
1개	1개	4줄	1개

2 _ 회로 연결하기

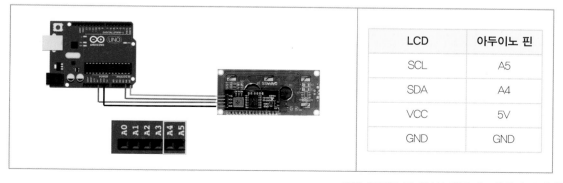

LCD	아두이노 핀
SCL	A5
SDA	A4
VCC	5V
GND	GND

1 LCD의 SCL핀은 아두이노 A5 핀에 연결합니다.

2 LCD의 SDA핀은 아두이노 A4 핀에 연결합니다.

3 LCD의 VCC핀은 아두이노 5V 핀에 연결합니다.

4 LCD의 GND핀은 아두이노 GND 핀에 연결합니다.

5 회로 연결후 USB포트를 이용하여 컴퓨터와 연결합니다.

3 _ 엠블록 장치 연결하기

엠블록에 아두이노와 같은 외부장치를 연결하려면 엠블록 장치를 이용합니다.
엠블록 장치를 연결하는 방법은 9장 4.엠블록 장치 연결하기를 참고하면 됩니다.
엠블록 설치 및 가입하기는 9장 3.엠블록 설치 및 가입하기를 참고하면 됩니다.

3단계 ▶ 확장하기

1 _ 스프라이트 확장블록

인식서비스	업로드 모드 브로드캐스트	Text to Speech
인식 서비스 By mBlock official 인지 서비스 API를 사용하면 비디오, 음성, 언어 및 지식과 같은 다른 기능을 추가 할 수 있습니다. <u>더 보기</u>	**업로드 모드 브로드캐스트** By mBlock official 이 확장을 추가 하 여 장치가 업로드 모드에서 스프라이트와 상호 작용 할 수 있도록 합니다.	**Text to Speech** 개발자: MIT Media Lab Make your projects talk. (not available in China yet)

1 인공지능의 서비스를 이용하기 위해 확장블록을 추가 합니다. 반드시 로그인이 필요합니다. (회원가입 방법은 9장 3.엠블록 설치 및 가입하기 참고하면 됩니다.)

2 인식서비스는 엠블록의 확장 블록으로 비디오, 음성, 언어 및 지식과 같은 기능을 사용할 수 있습니다.

3 업로드 모드 브로드캐스트는 장치(디바이스)와 스프라이트가 상호 작용을 할 수 있도록 도와주는 블록입니다.

4 Text to Speech 는 입력된 텍스트를 다양한 음성으로 말해주는 확장 블록입니다.

5 블록 꾸러미 하단에서 ⬛확장 버튼을 눌러 확장 센터로 이동합니다.
(확장하는 방법은 9장을 참고하면 됩니다.)

2 _ 장치(디바이스) 확장블록

1 스프라이트에서 업로드 모드 브로드캐스트를 추가했다하더라도 장치(디바이스)에서도 업로드 모드 브로드캐스트를 반드시 추가해줘야 합니다. (업로드 모드 브로드캐스트 확장 하는 방법은 9장을 참고하면 됩니다.)

2 I2C LCD 화면을 설정하고 텍스트, 숫자를 화면에서 볼 수 있도록 코딩하는 있는 확장 블록 입니다. I2C_LCD를 사용하기 위한 블록으로 [디바이스마트]I2C_LCD를 검색하여 확장합니다.

③ 초록색 화살표가 있는 경우는 확장블록을 신규로 추가일 때이거나 업데이트 되었을 경우입니다. 신규로 추가하실 때는 반드시 초록색 화살표를 눌러 다운로드 완료 후에 [+추가]를 클릭하여 추가합니다.

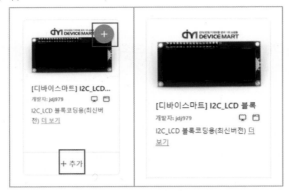

④ 장치에서 [I2C_LCD] 확장 블록이 생긴 것을 확인합니다.

4단계 ▶ **디자인하기**

1 _ 화면구성하기

화면구성을 위해 배경을 "실내 〉 Classroom1 "로 정하고 "사람들〉 Boy3" 스프라이트를 선택하여 추가해둡니다. (배경 및 스프라이트를 추가하는 방법은 9장을 참고하면 됩니다.)

배경정하기	스프라이트 1
Classroom1	Boy3

사용하지 않는 스프라이트는 해당스프라이트 옆에 붙어있는 파란엑스버튼을 누르면 삭제 메시지가 나옵니다. 삭제 버튼을 눌러 삭제합니다.

5단계 ▶ **코딩하기**

1 _ [스프라이트] 주요블록 알아보기

꾸러미	블록	설명
인식 서비스	2 ▾ 초 동안 적혀진 영어 인식하기	문자인식블록은 영어와 숫자를 인식하는 블록입니다. 인식 시간을 정할 수 있습니다.
	문자 인식 결과	문자 인식된 결과를 나타내는 블록으로, 이 블록으로 다양한 결과를 코딩할 수 있습니다.
텍스트 음성 변환	말할 안녕하세요	입력한 텍스트를 음성으로 말해주는 블록입니다.

	블록	설명
● 연산	사과 와(과) 바나나 을(를) 결합한 문자열	두 개 이상의 문자를 이용하여 문장을 만들 때 사용하는 블록입니다.
	또는	첫 번째 값이나 두 번째 값 중 하나라도 참 일때 결과는 참값이 되는 블록입니다.
● 변수	암호확인 ▼ 에 물품 항목을(를) 추가하기	리스트를 만들어 항목을 추가할 수 있는 블록입니다.
	암호확인	리스트 값을 코딩으로 다양하게 활용할 수 있습니다.
● 소리	meow ▼ 소리를 끝까지 재생하기	음악이나 효과음, 녹음을 설정하여 재생할 수 있는 블록입니다.

2 _ [스프라이트] 코딩하기

Boy3

Boy3 스프라이트에서 코딩을 시작합니다.

1 〈 ● 변수〉 블록꾸러미를 선택하고 [리스트 만들기]를 이용해 암호 확인을 저장할 수 있도록 리스트를 만들어두고 체크박스를 클릭해둡니다.

TIP 체크박스에 표기를 해두면 변수 값을 무대화면에서 확인할 수 있어서 편리합니다.

❷ 〈 ● 이벤트 〉 [클릭했을 때] 블록, 〈 ● 관찰 〉 [(안녕!)을(를) (2)초 동안 말하기] 블록에 "암호가 인식된 카드가 있어야 회의실에 입장할 수 있습니다. 암호카드를 보여 주세요." 문구를 입력해둡니다.

❸ 〈 ● 인식서비스 〉 [(2)초간 적혀진 영어 인식하기] 블록을 사용해 글자인식을 할 수 있도록 합니다. 이때 2초, 5초, 10초를 선택할 수 있으나 5초가 가장 적당합니다.

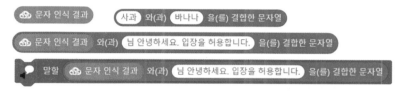

❹ 〈 ● 제어 〉 [만약 ( ) 이(가) 참이면 ~아니면] 블록을 이용합니다.

〈 ● 제어 〉 [만약 ( ) 이(가) 참이면] 블록, 〈 ● 인식서비스〉 [문자인식결과] 를 이용해 〈 ● 연산〉 [( ) = ( )] 블록을 이용해 암호에 사용할 텍스트를 넣어줍니다.

[문자인식결과 = sunny] 또는 [문자인식결과 = kwon] 참이면 "암호가 확인되었습니다. 입장을 허용합니다." 그렇지 않으면 "들어오실 수 없어요." 라고 말하게 합니다.

TIP 인식서비스를 사용할 때 블록들이 계속해서 반복 실행하면 하루 200회 제한이 되어 있어 인식서비스가 멈추게 되니 계속 반복하기 블록은 사용하지 않습니다.

5 문자를 잘 인식하는지 확인해보고, 리스트 블록을 이용하여 저장해보도록 합니다.
〈 ● 변수 〉[암호확인]에 (물품) 항목 추가하기] 블록을 넣어줍니다. 문자인식결과 항목
을 리스트에서 추가할 수 있도록 〈 ☁ 인식서비스〉[문자인식결과] 를 넣어둡니다.

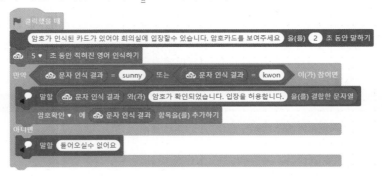

6 싸인 펜을 이용하여 포스트잇이나 빈 종이에 정해둔 암호를 써두고 인식 창에서 잘 작동하
는지 확인을 해봅니다. 리스트에도 인식된 글자가 리스트 형태로 저장되는지 확인합니다.

인식 창	암호 확인 리스트

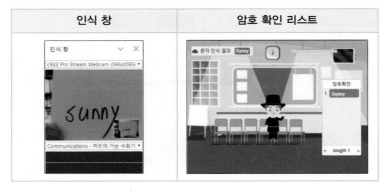

7 아두이노 장치로 메시지를 전달하기 위해 〈 ☁ 업로드 모드 브로드캐스트〉[업로드모드
메시지 보내기 (#)] 블록을 넣어줍니다. (입장허용=open), (입장불가=close)메시지 값을
각각 다르게 설정하여 입력해줍니다.

8 입장이 불가할 때 경고 알람을 재생해봅시다. 〈 🔵 소리〉 [(#) 끝까지 재생하기] 블록을 넣어줍니다. 소리를 선택하려면 하단의 🔵 소리 소리 아이콘 〉 🔊 소리 추가 버튼을 눌러 경고음에 어울리는 원하는 소리를 자유롭게 선택후 확인버튼을 눌러줍니다.

소리추가버튼	소리추가

〈 🔵 소리〉 [( ) 소리를 끝까지 재생하기] 블록을 이용하여 선택한 소리를 넣어줍니다.

9 여기까지 코딩하면 스프라이트 코딩 완성입니다.

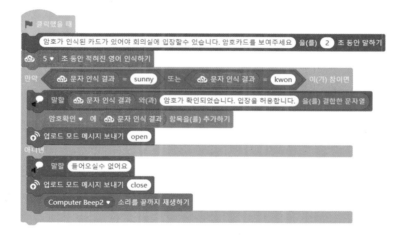

3 _ [아두이노] 주요블록 알아보기

꾸러미	블록	설명
🔵 업로드 모드 브로...	업로드 모드 메시지를 수신할 때 (message)	아두이노에 프로그램 업로드 후 업로드 메시지를 수신할 때 사용하는 블록입니다.
dfri I2C_LCD	I2C 0x27 ▼ 주소로 16 ▼ x 02 ▼ LCD 시작	LCD의 주소를 지정하는 블록입니다.
	LCD 커서 0 ▼ 열 0 ▼ 행에서 ⬜ 출력	LCD의 문자열이나 숫자 열이 출력되는 행과 열을 지정합니다.
	LCD 클리어	LCD를 초기화 시켜주는 블록입니다.

4 _ [아두이노] 코딩하기

자! 이제 아두이노에 연결되어 있는 LCD에 입장허용, 입장불가에 따른 신호를 받고 표시해 줄수 있도록 코딩해 보겠습니다.

1 〈 이벤트 〉 [arduino Uno가 켜지면] 블록, 〈 I2C_LCD 〉 [I2C (0*27)주소로 (16) * (02) LCD 시작] 블록을 넣어줍니다. 그리고
〈 I2C_LCD 〉 [LCD 커서 (0) 열 (0)행에서 (#) 출력] 블록을 이용해 인사말을 넣어줍니다. 이때 반드시 영문으로 작성해야 합니다.

2 입장이 허용된 경우 〈 업로드 모드 브로드캐스트 〉 [업로드모드 메시지를 수신할 때 (#)] 블록에 수신 메시지값 (open) 을 넣어줍니다. 〈 I2C_LCD 〉 [LCD 클리어] 블록을 이용해 LCD화면을 초기화 해줍니다. 그리고 〈 I2C_LCD 〉 [I2C (0*27)주소로 (16) * (02) LCD 시작] 블록을 넣어줍니다. 그리고
〈 I2C_LCD 〉 [LCD 커서 (0) 열 (0)행에서 (#) 출력] 블록을 이용해 (입장허용=open) 을 넣어줍니다.

3 입장불가인 경우에도 〈 업로드 모드 브로드캐스트 〉 [업로드모드 메시지를 수신할 때 (#)] 블록에 수신 메시지값 (close) 을 넣어줍니다. 〈 I2C_LCD 〉 [LCD 클리어] 블록을 이용해 LCD화면을 초기화 해줍니다. 그리고 〈 I2C_LCD 〉 [I2C (0*27)주소로 (16) * (02) LCD 시작] 블록을 넣어줍니다. 그리고
〈 I2C_LCD 〉 [LCD 커서 (0) 열 (0)행에서 (#) 출력] 블록을 이용해 (입장불가=close) 를 넣어줍니다.

4 여기까지 코딩하면 아두이노 코딩 완성입니다.

6단계 ▶ **테스트하기**

1 업로드를 클릭해서 프로그램을 업로드 합니다.(업로드하는 방법은 9장을 참고하면 됩니다.)

2 암호가 잘 인식되는지 포스트잇이나 빈 종이를 이용해 확인합니다.

3 화면에서 인식된 글자가 리스트에 잘 저장되고 있는지 확인합니다.

4 아두이노에 연결된 LCD에서 입력해둔 문구가 잘 작동하는지 확인합니다.

7단계 ▶ **마무리하기**

1 입장 허용 시 어떤 소리를 나오게 할지 코딩을 추가해봅시다.

2 led전구를 이용하여 아두이노가 켜졌을 때=초록, 입장을 허용할 때=파랑, 입장불가 일 때=빨강 불빛이 켜지도록 코딩을 변경해봅시다.

〈13장〉 엠블록 기계학습 인공지능 활용하기

작품명 ▶ 몸짓으로 움직이는 청소로봇 게임

6 건강하고 안전한 물관리

레벨 ★★★☆☆

완성 프로그램
13_몸짓으로움직이는청소로봇게임.ent

학습목표 ▶
- 기계학습을 이용하여 몸짓에 따라 움직이는 프로그램을 만들 수 있습니다.
- 피지컬 컴퓨터와 연결하여 도트매트릭스에서 게임의 시작과 종료를 알릴 수 있도록 코딩 할 수 있습니다.

1단계 ▶ 생각열기

1 _ 알아보기

여러분은 모션인식게임을 해본 적 있나요? 모션인식 게임이란? 게임기 본체 외에 모션 인식 장치를 이용하여 사용자의 동작을 감지하여 컨트롤 할 수 있는 게임을 말해요. 최근 다양한 모션인식 게임이 있는데요. 댄스, 스포츠, 레이싱 등 남녀노소 가족과 함께 할 수 있는 게임도 인기가 많지요. 모션 인식 게임은 게임 상의 캐릭터가 내가 된 것 같은 느낌을 주어 게임의 몰입 감을 높이고, 운동 효과까지 얻을 수 있다고 해요. 여러분들도 나의 동작을 인식시켜 게임을 만들어 볼 수 있다면 너무 즐겁지 않을까요?

2 _ 미션 확인하기

기계학습을 이용하여 나의 동작을 학습시키고 오른쪽 왼쪽 이동이 자유로운 로봇을 이용해 내방을 청소해주는 청소로봇 게임을 만들어 봅시다. 도트매트릭스를 이용하여 게임의 시작과 성공을 알 수 있도록 도트매트릭스에 신호를 보여주는 프로그램을 만들어 보도록 하겠습니다.

시작화면	완료화면
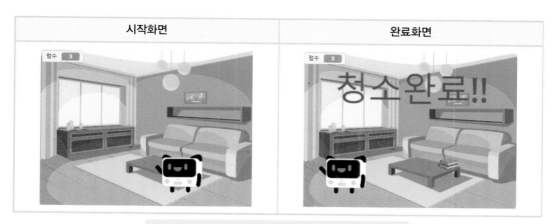	

실습 결과 동영상 QR코드

https://youtu.be/aXTixWEU41g

2단계 ▶ 준비하기

1 _ 재료 준비하기

키워드 기계학습, 도트매트릭스

 재료 준비

아두이노 우노
1개

도트매트릭스
1개

점퍼선(F–M)
5줄

USB 케이블
1개

2 _ 회로 연결하기

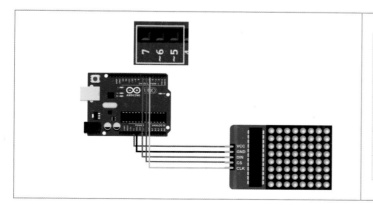

도트매트릭스	아두이노 핀
DIN	7
CS	6
CLK	5
VCC	5V
GND	GND

13장_엠블록 기계학습 인공지능 활용하기 **179**

1️⃣ 도트매트릭스 DIN핀은 아두이노 7번 핀에 연결합니다.

2️⃣ 도트매트릭스 CS핀은 아두이노 6번 핀에 연결합니다.

3️⃣ 도트매트릭스 CLK핀은 아두이노 5번 핀에 연결합니다.

4️⃣ 도트매트릭스 VCC핀은 아두이노 5V핀에 연결합니다.

5️⃣ 도트매트릭스 GND핀은 아두이노 GND핀에 연결합니다.

6️⃣ 회로 연결후 USB포트를 이용하여 컴퓨터와 연결합니다.

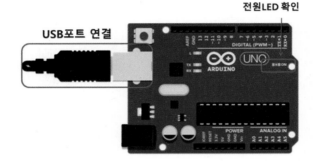

3 _ 엠블록 장치 연결하기

엠블록에 아두이노와 같은 외부장치를 연결하려면 엠블록 장치를 이용합니다.

엠블록 장치를 연결하는 방법은 9장 4.엠블록 장치 연결하기를 참고하면 됩니다.

엠블록 설치 및 가입하기는 9장 3.엠블록 설치 및 가입하기를 참고하면 됩니다.

3단계 ▶ **확장하기**

1 _ 스프라이트 확장블록

1 기계학습의 서비스를 이용하기 위해 확장블록을 추가 합니다. 반드시 로그인이 필요합니다. (회원가입 방법은 9장 3.엠블록 설치 및 가입하기를 참고하면 됩니다.)

2 업로드 모드 브로드캐스트는 장치(디바이스)와 스프라이트가 상호 작용을 할 수 있도록 도와주는 블록입니다.

3 블록 꾸러미 하단에서 ⊞ 확장 버튼을 눌러 확장 센터로 이동합니다.
(확장하는 방법은 9장을 참고하면 됩니다.)

2 _ 장치(디바이스) 확장블록

1 스프라이트에서 업로드 모드 브로드캐스트를 추가했다하더라도 장치(디바이스)에서도 업로드 모드 브로드캐스트를 반드시 추가해줘야 합니다.

2 도트 매트릭스를 사용하기 위한 블록으로 MAX72를 검색하여 확장합니다.

1 _ 화면 구성하기

화면구성을 위해 배경을 "실내 〉 Living room3 "로 정하고 "판타지〉C-codey-rocky-a"
스프라이트1 , "판타지〉Bang1" 스프라이트2 를 선택하여 추가해둡니다. (배경을 추가하는
방법은 9장을 참고하면 됩니다.)

배경정하기	스프라이트 1	스프라이트 2
Living room3	C-codey-rocky-a	Bang1

사용하지 않는 스프라이트는 해당스프라이트 옆에 붙어있는 ⊗ 버튼을 누르면 삭제 메시지
가 나옵니다. 삭제 버튼을 눌러 삭제합니다.

2 _ 스프라이트 편집하기

1 구현할 기능에 따라 다양한 배경을 추가하거나 편집해야 하는 경우가 발생됩니다.

배경 내에서 있는 모양 ◗ 모양 버튼을 눌러 선택해둔 Living room3 이미지를 복사한 후
"청소완료" 글씨를 입력해줍니다.

| 배경 수정버튼 | 배경편집 |

2 복사해둔 배경 이미지에 **T** 텍스트 아이콘을 이용하여 "청소완료" 글자를 입력합니다. 입력 후 ⊂ × ⊃ 버튼을 눌러 배경수정을 완료합니다.

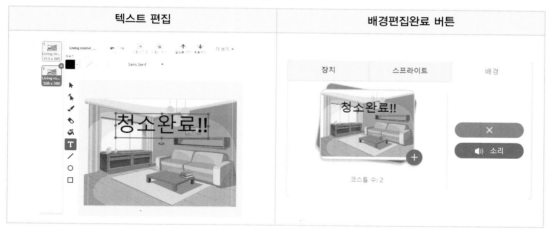

| 텍스트 편집 | 배경편집완료 버튼 |

TIP 배경이미지 이름을 "Living room3_청소완료"로 변경해두면 코딩할 때 찾아 쓰기에 편리합니다.

5단계 ▶ 코딩하기

1 _ [스프라이트] 주요블록 알아보기

꾸러미	블록	설명
● TM	인식 결과는 기본 ▼ 입니까?	기계학습을 진행하고 나온 결과 블록입니다. 인식결과에 따른 다양한 코딩을 할 수 있습니다.

형태	배경을 Living room3 ▼ (으)로 바꾸기	배경을 선택하여 바꾸어 줄 수 있습니다.
	숨기기	스프라이트 보이기, 숨기기를 설정 할 수 있습니다.
제어	복제되었을 때 / 나 자신 ▼ 을 복제하기 / 이 복제본 삭제하기	자신이나 다른 스프라이트를 복제 하거나 삭제할 수 있는 블록 입니다.
연산	1 부터 10 사이 임의의 수	정해진 숫자범위 안에서 랜덤하게 임의의 수가 생성됩니다.
관찰	마우스 포인터 ▼ 에 닿았나요?	마우스포인터, 가장자리, 스프라이트에 닿았는지 조건문에 넣어 사용할 수 있는 블록입니다.

2 _ [스프라이트] 코딩하기

스프라이트에서 코딩하기 전에 기계학습모델을 만들어봅니다.

1 기계학습 모델을 만들기 위해 〈 ● TM 〉블록꾸러미에서 [학습모델]메뉴를 클릭하고 모델학습을 시작합니다.

2 [기본], [오른손], [왼손]으로 클래스를 구분하고 〈 배우기 〉 배우기 버튼을 눌러 학습을 진행합니다. 90%이상 인식이 잘되고 학습이 다 되었다면 〈 모델 사용 〉 모델사용 버튼을 눌러 학습을 완료합니다.

TIP 오른손을 들면 오른쪽 이동, 왼손을 들면 왼쪽으로 이동이 되게 코딩할 예정이기 때문에 카메라에 손의 위치가 정 중앙이 아닌 오른쪽 왼쪽 구분할 수 있게 학습하는 것이 중요합니다.

3 〈 ⊙ TM 〉블록꾸러미에서 [학습모델] 메뉴 아래 학습된 블록이 생성되었는지 확인합니다. 인식 창을 열어 학습이 잘되었는지 확인해봅니다

학습모델후 생성된 블록확인	인식창(왼손)확인하기	인식창(오른손)확인하기

C-codey-rocky-a

C-codey-rocky-a 스프라이트에서 코딩을 시작합니다.

1 〈 ⊙ 이벤트 〉[깃발을 클릭했을 때]블록, 〈 ⊙ 제어 〉[계속반복하기] 블록 안에 〈 ⊙ 제어 〉[만약 ( ) 이(가) 참이면] 블록을 넣어줍니다.

〈 ⊙ 제어 〉[만약 ( ) 이(가) 참이면] 블록, 〈 ⊙ TM 〉[인식결과는 (왼손)입니까?] 를 이용해 〈 ⊙ 동작〉 [x좌표를 (#) 만큼 변경하기] 블록을 이용해 왼쪽으로 이동할 수 있게 -10 만큼 변경하기 값을 넣어줍니다.

〈@ ⊙ 제어 〉[만약 ( ) 이(가) 참이면] 블록, 〈@ ⊙ TM 〉[인식결과는 (오른손)입니까?] 를 이용해 〈 ⊙ 동작〉 [x좌표를 (#) 만큼 변경하기] 블록을 이용해 오른쪽으로 이동할 수 있게 10 만큼 변경하기 값을 넣어줍니다.

❷ 〈 이벤트 〉[클릭했을 때] 블록, 〈 형태 〉[배경을 (#) 으로 바꾸기] 블록에 이미 선택해둔 Living room3 이미지로 바꾸기를 설정해줍니다.

〈 제어 〉[계속반복하기] 블록 안에 〈 소리 〉[(#) 끝까지 재생하기] 블록을 이용하여 선택한 소리를 넣어줍니다. 소리를 선택하려면 하단의 소리 아이콘 〉 소리 추가 버튼을 눌러 경고음에 어울리는 원하는 소리를 자유롭게 선택 후 확인버튼을 눌러줍니다.

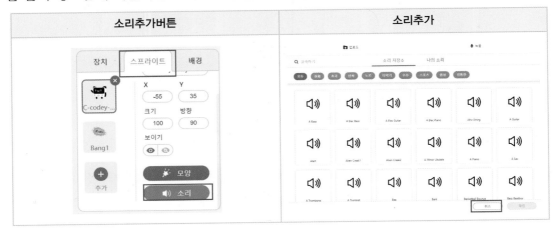

❸ C-codey-rocky-a 스프라이트 코딩완료입니다

Bang1

Bang1 스프라이트에서 코딩을 시작합니다.

1 〈 변수〉 블록꾸러미를 선택하고 [변수 만들기]를 이용해 게임점수를 저장할 수 있도록 변수를 만들어두고 체크박스를 클릭해둡니다.

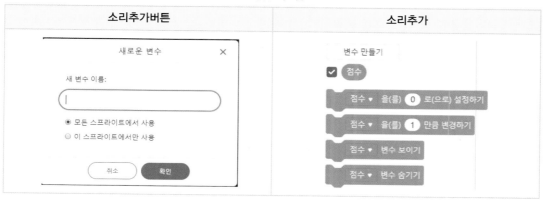

PART 03

TIP 체크박스에 표기를 해두면 변수 값을 무대화면에서 확인할 수 있어서 편리합니다.

2 〈 이벤트 〉 [클릭했을 때] 블록, 〈 형태 〉 [숨기기] 블록을 넣어줍니다. 〈 변수〉 [(점수) 을(를) (0) 으로 설정하기] 에 변수를 넣어줍니다.

3 〈 제어 〉 [계속반복하기] 블록 안에 〈 제어 〉 [(나자신) 을 복제하기] 블록을 넣어줍니다. 그리고 〈 제어 〉 [(#)초기다리기] 블록에 〈 연산 〉 [(#)부터 (#) 사이 임의의수]를 1~4 까지 넣어줍니다.

4 〈 ● 제어 〉 [복제되었을때] 블록을 넣고 〈 ● 동작 〉 [x: (#) y: (#) 로(으로) 이동하기] 블록을 넣어줍니다. 〈 ● 연산 〉 [(#)부터 (#)사이 임의의수] 블록을 이용하여 가로축(x)-100부터 100사이에서 나타날 수 있도록 코딩해줍니다. 세로축(y)은 130에서 이동할 있도록 값을 넣어줍니다.

5 복제되었을 때 스프라이트가 보일 수 있도록 〈 ● 형태 〉 [보이기] 블록을 넣어줍니다.

6 〈 ● 제어 〉 [계속반복하기] 블록안에 〈 ● 동작 〉 [y좌표를 (#) 만큼 변경하기] 블록을 넣어줍니다. y축을 기준으로 위에서 아래로 떨어질 수 있도록 (-8) 만큼 변경할 수 있도록 입력해주세요 .

7 〈 ● 제어 〉 [만약 ( ) 이(가) 참이면] 블록을 사용해 조건식을 만듭니다. 〈 ● 관찰 〉 [(마우스포인터) 에 닿았나요?] 블록을 이용해 C-codey-rocky-a 스프라이트에 닿았을 때 참이면 〈 ● 변수 〉 [(점수) 을(를) (1)만큼 변경하기] 〈 ● 제어 〉 [이 복제본 삭제하기] 블록을 넣어 코딩해둡니다.

8 〈 제어 〉 [만약 ( ) 이(가) 참이면] 블록을 사용해 두 번째 조건식을 만듭니다.
〈 관찰 〉 [(가장자리) 에 닿았나요?] 가 참이면 〈 제어 〉 [이 복제본 삭제하기] 블록을 넣어 코딩해둡니다.

9 〈 제어 〉 [만약 (#) 이(가) 참이면] 블록을 사용해 세 번째 조건식을 만듭니다.
〈 연산 〉 [(#)=(#)] 블록을 이용하여 〈 변수〉 [점수] 변수 값=3 이 참이면
〈 형태 〉 [배경을 (#) 으로 바꾸기] 블록에 배경으로 편집해둔 "Living room3_청소완료" 이미지로 설정해줍니다. 그리고 〈 제어 〉 [정지 (모두)] 블록을 넣어 코딩해둡니다.

10 아두이노 장치로 시작과 게임이 끝났음을 알리는 메시지를 전달하기 위해 〈 업로드모드브로... 업로드 모드 브로드캐스트〉 [업로드모드 메시지 보내기 (#)] 블록을 넣어줍니다. (시작=go), (청소완료=ok) 의 메시지 값을 각각 다르게 설정하여 입력해줍니다.

여기까지 코딩하면 스프라이트 코딩 완성입니다.

3 _ [아두이노] 주요블록 알아보기

꾸러미	블록	설명
업로드 모드 브로...	업로드 모드 메시지를 수신할 때 message	아두이노에 프로그램 업로드 후 업로드 메시지를 수신할 때 사용하는 블록입니다.
Matriz de LEDs 8x8	fijar pines: DIN: 7 CS: 6 CLK: 5	도트 매트릭스를 사용하기위한 확장블록입니다.
	dibujar figura	도트 매트릭스의 모양을 디자인 할 수 있는 블록입니다.

4 _ [아두이노] 코딩

자! 이제 아두이노 장치를 연결하여 도트매트릭스를 이용하여 게임의 시작과 성공을 알 수 있도록 도트매트릭스에 메시지를 보여주는 프로그램을 한 번 더 복습하면서 만들어 보도록 하겠습니다.

1 〈 ⬤ 이벤트 〉 [arduino Uno가 켜지면] 블록, 〈 ⬤ Matriz de LEDs 8×8 〉 [fijar pines : DIN: (7) CS:(6) CLK:(5)] 블록을 넣어줍니다. 도트매트릭스를 사용하기 위한 블록으로 DIN:(7) CS:(6) CLK:(5) 도트매트릭스가 연결되어 있는 핀 값과 일치하는지 확인합니다.

2 도트매트릭스를 사용하기 위해 〈 ⬤ Matriz de LEDs 8×8 〉 [dibujar figura] 블록을 넣어줍니다. 모눈종이 모양을 클릭하면 다음과 같은 기본화면이 보입니다. 원하는 모양을 디자인할 수 있습니다.

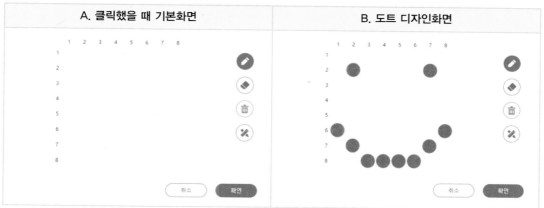

3 〈 ⬤ 업로드 모드 브로드캐스트〉 [업로드모드 메시지를 수신할 때 ( )] 블록을 넣어줍니다. 시작을 알리는 메시지 값으로 정해둔 go 를 텍스트로 입력하고 〈 ⬤ Matriz de LEDs 8×8 〉 [dibujar figura] 블록을 넣어주고 go를 나타낼 수 있도록 디자인을 완성합니다.

4 〈 업로드 모드 브로드캐스트〉 [업로드모드 메시지를 수신할 때 (   )] 블록을 넣어줍니다. 청소완료를 알리는 메시지 값으로 정해둔 ok 를 텍스트로 입력하고 〈 Matriz de LEDs 8×8 〉 [dibujar figura] 블록을 넣어주고 ok를 나타낼 수 있도록 디자인을 완성합니다.

5 여기까지 코딩하면 아두이노 코딩 완성입니다.

6단계 ▶ 테스트하기

1 업로드를 클릭해서 프로그램을 업로드 합니다.(업로드하는 방법은 9장을 참고하면 됩니다.)
2 오른손 왼손동작이 잘 인식되는지 인식 창을 이용해 확인합니다.
3 스프라이트가 인식결과에 따라 오른쪽, 왼쪽으로 잘 이동되는지 확인합니다.
4 아두이노에 연결된 도트매트릭스에서 디자인해둔 아이콘이 잘 작동하는지 확인합니다.

7단계 ▶ 마무리하기

1 로봇 스프라이트가 빨리 움직일 수 있게 코딩을 수정해봅시다.
2 타이머를 이용하여 정해진 시간에 점수를 획득하지 못하면 실패 메세지가 보일 수 있도록 업그레이드 해봅시다.

〈14장〉 엠블록 사물인식 인공지능 활용하기

작품명	환경을 위한 재활용분리수거 안내로봇

레벨 ★★★☆☆

완성 프로그램 | 14_환경을 위한 재활용분리수거안내로봇.ent

학습목표 ▶
- 기계학습으로 사물을 인식시키고 재활용분리수거 안내 프로그램을 만들 수 있습니다.
- LED, 서보모터와 연결한 피지컬 컴퓨팅 방식을 이해할 수 있습니다.

1단계 ▶ 생각열기

1 _ 알아보기

날씨가 좋을 때는 가족단위로 주말에 공원으로 나들이를 가는 사람들이 많아요. 그런데 공원에 갔더니 공원 휴지통은 가득 차 있고 분리수거가 하나도 안 되어 있는 상태라면 어떨 거 같아요? 플라스틱 통, 음료 캔, 우유곽등 이렇게 섞어서 버려져 있으면 환경미화원 분들이 분리하시느라 얼마나 힘드실까 하는 생각이 들었어요. 환경을 위해 재활용 분리수거를 잘할 수 있도록 재활용분리수거 안내로봇을 만들어볼까요?
다양한 재활용품을 학습하고 분류할 수 있도록 안내해주는 로봇이 있다면 지금보다는 공원이 더욱 깨끗해지겠지요.

2. _ 미션 확인하기

기계학습으로 사물을 인식시키고, 플라스틱 통, 음료 캔, 우유곽 등을 구분하고 버리는 방법을 안내해주는 재활용분리수거 안내로봇을 만들어 봅시다. LED와 서보모터를 이용하여 분리수거할 때 도움을 줄 수 있는 프로그램을 만들어 보도록 하겠습니다.

시작화면	사물인식화면

실습 결과 동영상 QR코드
https://youtu.be/F4l1XmO1cSY

2단계 ▶ 준비하기

1 _ 재료 준비하기

키워드 기계학습, RGB LED, 서보모터

아두이노 우노 1개	삼색 LED 1개	서보모터 1개	점퍼선(M–M) 4줄 점퍼선F–M) 3줄	USB 케이블 1개

TIP 서보모터란?

서보 모터는 일정 각도를 정해두고 움직이는 모터입니다. 일반 서보모터의 회전 범위는 보통 0~180도이며 로봇의 관절, 비행기 날개, 보트의 방향키 등에 사용이 됩니다.

2 _ 회로 연결하기

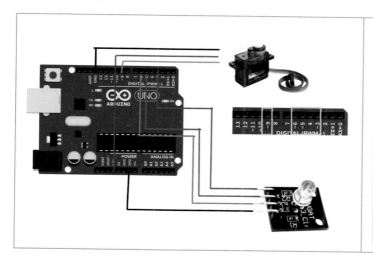

삼색 LED	아두이노 핀
빨강(R)	3
초록(G)	5
파랑(B)	6
GND	GND
서보모터	아두이노핀
갈색선	GND
주황선	9
빨간선	5V

PART 03

1 삼색 LED R핀은 아두이노 3번 핀에 연결합니다.

2 삼색 LED G핀은 아두이노 5번 핀에 연결합니다.

3 삼색 LED B핀은 아두이노 6번 핀에 연결합니다.

4 삼색 LED GND핀은 아두이노 GND핀에 연결합니다.

5 서보모터 갈색선은 아두이노 GND핀에 연결합니다.

6 서보모터 주황선은 아두이노 9핀에 연결합니다.

7 서보모터 빨간선은 아두이노 5V에 연결합니다.

8 회로 연결 후 USB포트를 이용하여 컴퓨터와 연결합니다.

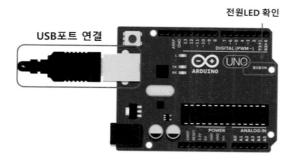

3 _ 엠블록 장치 연결하기

엠블록에 아두이노와 같은 외부장치를 연결하려면 엠블록 장치를 이용합니다.

엠블록 장치를 연결하는 방법은 9장 4.엠블록 장치 연결하기를 참고하면 됩니다.

엠블록 설치 및 가입하기는 9장 3.엠블록 설치 및 가입하기를 참고하면 됩니다.

1 _ 스프라이트 확장블록

1 기계학습의 서비스를 이용하기 위해 확장블록을 추가 합니다. 반드시 로그인이 필요합니다. (회원가입 방법은 9장 3.엠블록 설치 및 가입하기를 참고하면 됩니다.)

2 업로드 모드 브로드캐스트는 장치(디바이스)와 스프라이트가 상호 작용을 할 수 있도록 도와주는 블록입니다.

3 Text to Speech 는 입력된 텍스트를 다양한 음성으로 말해주는 확장 블록입니다.

4 블록 꾸러미 하단에서 확장 버튼을 눌러 확장 센터로 이동합니다.
(확장하는 방법은 9장을 참고하면 됩니다.)

2 _ 장치(디바이스) 확장블록

1 스프라이트에서 업로드 모드 브로드캐스트를 추가했다하더라도 장치(디바이스)에서도 업로드 모드 브로드캐스트를 반드시 추가해줘야 합니다. (확장하는 방법은 9장을 참고하면 됩니다.)

4단계 ▶ 디자인하기

1 _ 화면구성하기

화면구성을 위해 배경을 "실외 〉 City5"로 정하고 "판타지〉C-neuron" 스프라이트1, "아이콘〉Dustbin button4" 스프라이트2를 선택하여 추가해둡니다. 스프라이트3, 스프라이트4는 복사한 후 컬러를 변경해서 사용할 예정입니다. (배경을 추가하는 방법은 9장을 참고하면 됩니다.)

배경정하기	스프라이트 1	스프라이트 2
City5	C-neuron-1	Dustbin button4

사용하지 않는 스프라이트는 해당스프라이트 옆에 붙어있는 파란엑스버튼을 누르면 삭제 메시지가 나옵니다. 삭제 버튼을 눌러 삭제합니다.

2 _ 스프라이트 편집하기

1 구현할 기능에 따라 스프라이트를 추가하거나 편집해야 하는 경우가 발생됩니다.
Dustbin button4 스프라이트에서 오른쪽 마우스를 클릭하여 복사해주세요. 휴지통의 이미지를 빨강, 파랑, 초록 3가지의 컬러로 사용할 것입니다.
스프라이트를 복사한 후 🔷 모양 버튼을 눌러 휴지통의 이미지를 빨강, 파랑, 초록 3가지의 컬러로 변경해주세요.

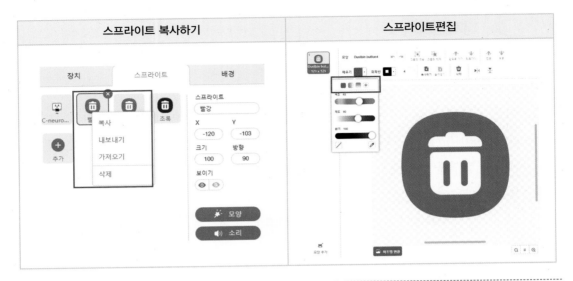

스프라이트 복사하기	스프라이트편집

TIP 컬러별 스프라이트 이미지 이름을 "빨강, 파랑, 초록"으로 변경해두면 코딩할 때 찾아 쓰기에 편리합니다.

5단계 ▶ 코딩하기

1 _ [스프라이트] 주요블록 알아보기

꾸러미	블록	설명
● TM	인식 결과는 기본 ▼ 입니까?	기계학습을 진행하고 나온 결과 블록입니다. 인식결과에 따른 다양한 코딩을 할 수 있습니다.
● 형태	모양을 C-neuron-1-a ▼ (으)로 바꾸기	모양을 선택하여 바꾸어 줄 수 있습니다.
텍스트 음성 변환	말할 안녕하세요	입력한 텍스트를 음성으로 말해주는 블록입니다.
● 업로드 모드 브로드 캐스트	업로드 모드 메시지 보내기 message	아두이노 장치와 스프라이트가 서로 상호 작용할 수 있도록 업로드모드 메시지를 송신할 때 사용하는 블록입니다.
● 소리	meow ▼ 소리를 끝까지 재생하기	음악이나 효과음, 녹음을 설정하여 재생할 수 있는 블록입니다

2 _ [스프라이트] 코딩하기

스프라이트에서 코딩하기 전에 기계학습모델을 만들어봅니다.

1 기계학습 모델을 만들기 위해 〈 ● TM 〉블록꾸러미에서 [학습모델]메뉴를 클릭하고
모델학습을 시작합니다.

2 [기본], [페트], [캔], [종이상자] 클래스를 구분하고 　배우기　 배우기 버튼을 눌러
학습을 진행합니다. 90%이상 인식이 잘되고 학습이 다 되었다면 　모델 사용　 모델사용 버튼
을 눌러 학습을 완료합니다.

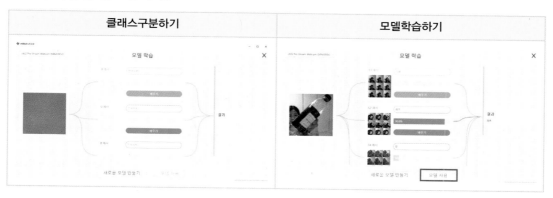

> **TIP** 카메라 앞에서 재활용품을 학습시킬 때 아무것도 들고 있지 않는 나의 모습을 기본이미지를 넣어두면 코딩결과
> 확인 시 편리합니다. 재활용품이 없는 경우 스마트폰에 이미지를 사용해도 가능합니다.

3 〈 ● TM 〉블록꾸러미에서 [학습모델] 메뉴 아래 학습된 블록이 생성되었는지 확인합니
다. 인식 창을 열어 학습이 잘되었는지 확인해봅니다.

C-neuron-1

C-neuron-1 스프라이트에서 코딩을 시작합니다.

1 〈 이벤트 〉 [스페이스 키를 눌렀을 때] 블록, 〈 형태 〉 [모양을 (#) 으로 바꾸기] 블록에 기본 표정을 설정해줍니다. C-neuron-1 스프라이트에는 다양한 표정이 있으니 　모양　 모양을 눌러 확인해봅니다.

〈 제어 〉 [5 초 기다리기] 블록을 넣어줍니다.

인식창이 열리는 것을 알려주기 위해 알람을 재생해봅시다. 〈 소리 〉 [(#) 끝까지 재생하기] 블록을 넣어줍니다. 소리를 선택하려면 하단의 소리 아이콘 〉 소리 추가 버튼을 눌러 시작을 알리는 음에 어울리는 원하는 소리를 자유롭게 선택합니다 .

2 〈 제어 〉 [만약 ( ) 이(가) 참이면] 블록, 〈 TM 〉 [인식결과는 (종이상자) 입니까?] 참이면 블록을 사용합니다. 〈 이벤트 〉 [( ) 을(를)보내기] 블록을 이용하여 새로운 메시지 이름을 [빨강], [파랑], [초록]을 만든 후 [(빨강) 을(를)보내기] 를 넣어 줍니다. 〈 형태 〉 [모양을 (#) 으로 바꾸기] 블록에 다양한 표정을 설정해줍니다.

〈 텍스트 음성 변환 〉 [말할 (안녕하세요)] 블록 안에 [종이상자는 테이프를 제거하시고 부피를 줄여서 버려주세요], [빨간색 통에 버려주세요] 이렇게 종이상자를 버리는 방법을 안내하는 문장을 만들어 넣어봅니다.

❸ 연결하여 〈 제어 〉 [만약 ( ) 이(가) 참이면] 블록, 〈 TM 〉 [인식결과는 (페트병) 입니까?] 참이면 블록을 사용합니다. 페트병 일 때의 모양, [파랑]보내기 메세지, 페트병 버리는 방법을 안내하는 문장을 입력해줍니다. [페트병은 라벨을 떼고 버려주세요], [파란색 통에 버려주세요]

〈 제어 〉 [만약 ( ) 이(가) 참이면] 블록, 〈 TM 〉 [인식결과는 (캔) 입니까?] 참이면 블록을 사용합니다. 캔 일 때의 모양, [초록] 보내기 메세지, 캔을 버리는 방법을 안내하는 문장을 입력해줍니다. [캔은 눌러서 부피를 줄인 후 버려주세요], [초록색 통에 버려주세요]

❹ 아두이노 장치로 메시지를 전달하기 위해 〈 업로드 모드 브로드캐스트〉 [업로드모드 메시지 보내기 (#)] 블록을 넣어줍니다. (종이상자=red), (페트병=blue), (캔=green) 메시지 값을 각각 다르게 설정하여 입력 후 코딩을 완성해줍니다.

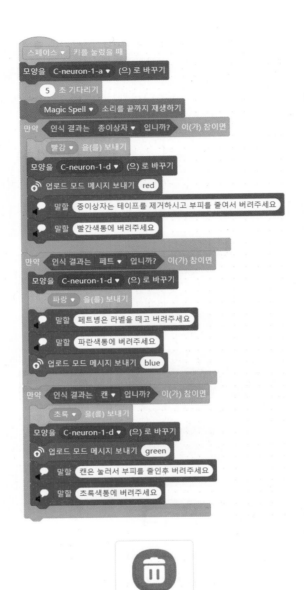

빨간 휴지통 스프라이트에서 코딩을 시작합니다.

1 〈 ⬤ 이벤트 〉 [(빨강)을(를) 받았을 때] 〈 ⬤ 형태 〉 [(안녕!)을(를) (2)초 동안 말하기] 블록에 "종이상자는 테이프를 제거하시고 부피를 줄여서 버려주세요" 문구를 입력해둡니다. 〈 ⬤ 형태 〉 [(색깔)의 효과를 (25) 값만큼 바꾸기] 블록을 이용하여 [(어안렌즈)의 효과를 (50) 값만큼 바꾸기]로 변경해줍니다.

〈 ● 제어 〉[5 초 기다리기] 블록을 넣어줍니다. 그리고 〈 ● 형태 〉[그래픽효과지우기] 블록을 넣어줍니다.

빨강 ▼ 을(를) 받았을 때
종이상자는 테이프를 제거하시고 부피를 줄여서 버려주세요 을(를) 5 초 동안 말하기
어안 렌즈 ▼ 의 효과를 50 값 만큼 바꾸기
5 초 기다리기
그래픽 효과 지우기

🗑 파랑   🗑 초록

2 파랑색, 초록색 스프라이트도 같은 방식으로 〈 ● 이벤트 〉 [(파랑)을(를) 받았을 때], [(초록)을(를) 받았을 때] 블록을 이용하여 코딩을 완성합니다.

파랑 ▼ 을(를) 받았을 때
페트병은 라벨을 떼고 버려주세요 을(를) 5 초 동안 말하기
어안 렌즈 ▼ 의 효과를 50 값 만큼 바꾸기
5 초 기다리기
그래픽 효과 지우기

초록 ▼ 을(를) 받았을 때
캔은 눌러서 부피를 줄인후 버려주세요 을(를) 5 초 동안 말하기
어안 렌즈 ▼ 의 효과를 50 값 만큼 바꾸기
5 초 기다리기
그래픽 효과 지우기

3 _ [아두이노] 주요블록 알아보기

꾸러미	블록	설명
업로드 모드 브로...	📡 업로드 모드 메시지를 수신할 때 message	아두이노에 프로그램 업로드 후 업로드 메시지를 수신할 때 사용하는 블록입니다.
● 핀	∞ 디지털 핀 9 번에 출력 high ▼ 으로 설정하기	아두이노의 핀에 연결된 디지털 값을 high=켜기 low=끄기 설정하는 블록입니다.
	∞ 서보모터 핀 9 번의 각도를 90 으로 설정	서보모터를 사용할 때 모터의 각도를 조절할 수 있는 블록입니다.

4 _ [아두이노] 코딩

자! 이제 아두이노 장치를 연결하여 재활용품을 기계 학습시킨 결과에 따라 서보모터와 삼색 LED가 작동할 수 있도록 코딩해 보겠습니다.

1 〈 ● 이벤트 〉[arduino Uno가 켜지면] 블록, 〈 ● 핀 〉[(서보모터 핀 (9)번의 각도를 (0) 으로 설정하기] 〈 ● 핀 〉[(디지털핀 (3)번에 출력 (low) 으로 설정하기], [(디지

털핀 (5)번에 출력 (low) 으로 설정하기], [(디지털핀 (6)번에 출력 (low) 으로 설정하기]
블록을 넣어줍니다. 아두이노가 켜지면 서보모터는 0도를 유지하고, LED가 모두 꺼져 있
는 상태로 초기화하기 위해서 모두 low 값으로 변경해둡니다.

2 종이상자를 인식한 경우 빨간불을 켜고, 모터 각도를 30도로 조정하여 휴지통의 위치를
알려줍니다. 〈 업로드 모드 브로드캐스트 〉 [업로드모드 메시지를 수신할 때 (#)] 블
록에 수신 메시지값 (red) 을 넣어줍니다.

〈 핀 〉 블록을 사용하여
〈 핀 〉 [(디지털핀 (3)번에 출력 (high) 으로 설정하기],
〈 핀 〉 [(디지털핀 (5)번에 출력 (low) 으로 설정하기],
〈 핀 〉 [(디지털핀 (6)번에 출력 (low) 으로 설정하기] 블록을 코딩해줍니다.
〈 핀 〉 [(서보모터 핀 (9)번의 각도를 (30) 으로 설정하기] 블록을 코딩해줍니다.

3 페트병을 인식한 경우 파란불을 켜고, 모터 각도를 90도로 조정하여 휴지통의 위치를
알려줍니다.

4 캔을 인식한 경우 초록 불을 켜고, 모터 각도를 180도로 조정하여 휴지통의 위치를 알려줍니다.

5 여기까지 코딩하면 아두이노 코딩 완성입니다.

6단계 ▶ **테스트하기**

1 업로드를 클릭해서 프로그램을 업로드 합니다.(업로드하는 방법은 9장을 참고하면 됩니다.)

2 종이상자, 페트병, 캔이 잘 인식되는지 인식 창을 이용해 확인합니다.

3 인식결과에 따라 스프라이트 휴지통의 컬러와 효과가 잘 표현되는지 확인합니다.

4 아두이노에 연결된 서보모터와 삼색 LED가 잘 작동하는지 확인합니다.

7단계 ▶ **마무리하기**

1 흰색 도화지를 이용하여 빨강, 파랑, 초록 휴지통을 구분하여 그려두고, 서보모터에 빨대를 달아 원하는 휴지통의 위치를 알려줄 수 있도록 각도를 조절해봅시다

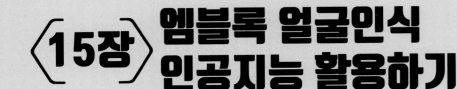

〈15장〉 엠블록 얼굴인식 인공지능 활용하기

작품명 ▶ **부모님원격건강관리**

 3 건강하고 행복한 삶 보장

레벨 ★★☆☆☆

완성 프로그램
15_부모님원격건강관리.ent

학습목표 ▶
- 기계학습으로 얼굴을 인식시키고 건강 맞춤정보를 제공해주는 프로그램을 만들 수 있습니다.
- 가스센서(MQ135)를 이용하여 실내 공기질 상태를 확인 할 수 있습니다.

1단계 ▶ 생각열기

1 _ 알아보기

급격한 노령화에 노인 단독가구가 주요한 가구형태로 자리 잡고 있다고 해요. 할머니 할아버지나 부모님과 떨어져 사는 경우가 많은데요. 할머니 할아버지가 댁에서 약을 잘 챙겨 드시고 계신지, 집안에 유해 가스가 나오고 있지 않은지, 외부 침입자는 없는지 걱정이 되는 경우가 많아요. 이럴 때 원격으로 할머니 할아버지에게 건강메시지를 보내드리고, 실내 공기 오염도 측정하여 환기를 하실 수 있도록 알람을 드린다면 안심도 되고 정말 좋을거 같아요.

2 _ 미션 확인하기

기계학습으로 얼굴을 인식시키고, 할머니, 할아버지에게 건강 맞춤 정보를 드릴 수 있도록 Google스프레드시트를 사용하여 연결해 봅시다. MQ135 가스센서를 이용하여 내부 공기질을 측정하여 알람을 줄 수 있는 프로그램을 만들어 보도록 하겠습니다.

| 시작화면 | 할머니 인식창 | 할아버지 인식창 |

실습 결과 동영상 QR코드

https://youtu.be/HyKLsDYjQM0

2단계 ▶ 준비하기

1 _ 재료 준비하기

키워드 기계학습, Google스프레드시트, MQ135 가스센서

재료 준비

| 아두이노 우노 | MQ135 가스센서 | 점퍼선(F-M) | USB 케이블 |
| 1개 | 1개 | 3줄 | 1개 |

TIP MQ135센서란?

MQ135 센서는 CO_2, 연기, 알코올, 벤젠 등과 같은 일반적인 공기질가스를 측정하거나 감지 할 수 있는 센서입니다. 내부에 포함된 히터가 적정 온도로 올라가서 안정적인 결과를 얻기 위해서는 대기시간이 필요합니다. 사용하실 때 모듈의 발열은 고장이 아닌 정상적인 작동입니다.

2 _ 회로 연결하기

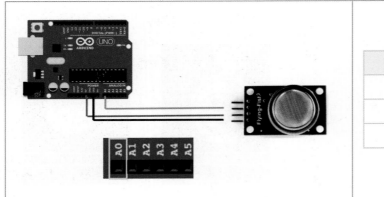

MQ135센서	아두이노 핀
A0	A0
GND	GND
VCC	5V

1️⃣ MQ135 A0은 아두이노 A0번 핀에 연결합니다.

2️⃣ MQ135 GND핀은 아두이노 GND핀에 연결합니다.

3️⃣ MQ135 5V핀은 아두이노 5V에 연결합니다.

4️⃣ 회로 연결 후 USB포트를 이용하여 컴퓨터와 연결합니다.

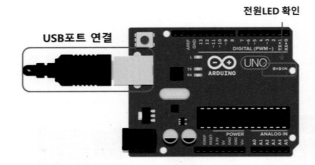

3 _ 엠블록 장치 연결하기

엠블록에 아두이노와 같은 외부장치를 연결하려면 엠블록 장치를 이용합니다.

엠블록 장치를 연결하는 방법은 9장 4.엠블록 장치 연결하기를 참고하면 됩니다.

엠블록 설치 및 가입하기는 9장 3.엠블록 설치 및 가입하기를 참고하면 됩니다.

1 _ 스프라이트 확장블록

기계학습	업로드 모드 브로드캐스트	Text to Speech	Google스프레드시트

1 기계학습의 서비스를 이용하기 위해 확장블록을 추가 합니다. 반드시 로그인이 필요합니다. (회원가입 방법은 9장 3.엠블록 설치 및 가입하기를 참고하면 됩니다.)

2 업로드 모드 브로드캐스트는 장치(디바이스)와 스프라이트가 상호 작용을 할 수 있도록 도와주는 블록입니다.

3 Text to Speech는 입력된 텍스트를 다양한 음성으로 말해주는 확장 블록입니다.

4 Google스프레드시트에서 데이터를 받거나 전송 할 수 있는 확장 블록입니다.

(구글계정이 있어야 사용이 가능합니다.)

5 블록 꾸러미 하단에서 🔌 확장 버튼을 눌러 확장 센터로 이동합니다.

(확장하는 방법은 9장을 참고하면 됩니다.)

2 _ 장치(디바이스) 확장블록

1 스프라이트에서 업로드 모드 브로드캐스트를 추가했다하더라도 장치(디바이스)에서도 업로드 모드 브로드캐스트를 반드시 추가해줘야 합니다. (확장하는 방법은 9장을 참고하면 됩니다.)

1 _ 화면구성하기

화면구성을 위해 배경을 "실내 〉 Living room1 "로 정하고 "사람들 〉 Doctor1" 스프라이트를 선택하여 추가해둡니다. (배경을 추가하는 방법은 9장을 참고하면 됩니다.)

배경정하기	스프라이트
Living room1	Doctor1

사용하지 않는 스프라이트는 해당스프라이트 옆에 붙어있는 파란엑스버튼을 누르면 삭제 메시지가 나옵니다. 삭제 버튼을 눌러 삭제합니다.

1 _ [스프라이트] 주요블록 알아보기

꾸러미	블록	설명
● TM	인식 결과는 기본 ▼ 입니까?	기계학습을 진행하고 나온 결과 블록입니다. 인식결과에 따른 다양한 코딩을 할 수 있습니다.
◀ 텍스트 음 성 변환	말함 안녕하세요	입력한 텍스트를 음성으로 말해주는 블록입니다.
● 업로드 모 드 브로드 캐스트	업로드 모드 메시지 보내기 message	아두이노 장치와 스프라이트가 서로 상호 작용할 수 있도록 업로드모드 메시지를 송신할 때 사용하는 블록입니다.

Google 스프레드시트	 공유 시트에 연결 https://docs.google.com/spreadsheets	Google 스프레드시트에서 데이터를 받거나 전송 할 때 연결하는 블록입니다.
	열에서 셀 값 읽기 ① 행 ①	Google 스프레드시트의 열값을 지정해서 읽어오는 블록입니다.

2 _ [스프라이트] 코딩하기

스프라이트에서 코딩하기 전에 기계학습모델을 만들어봅니다.

1 기계학습 모델을 만들기 위해 〈 TM 〉 블록꾸러미에서 [학습모델]메뉴를 클릭하고 모델학습을 시작합니다.

2 [할머니], [할아버지] 클래스를 구분하고 테스트하기 위한 [내모습] 도 학습을 시켜줍니다. (배우기) 배우기 버튼을 눌러 학습을 진행합니다. 90%이상 인식이 잘되고 학습이 다 되었다면 (모델 사용) 모델사용 버튼을 눌러 학습을 완료합니다.

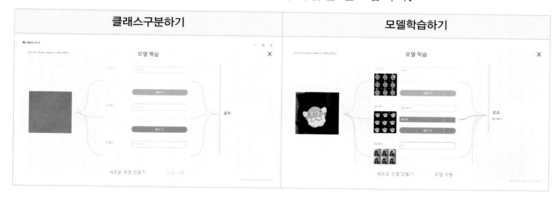

3 〈 TM 〉블록꾸러미에서 [학습모델] 메뉴 아래 학습된 블록이 생성되었는지 확인합니다. 인식 창을 열어 학습이 잘되었는지 확인해보세요

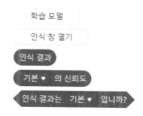

Doctor1

Doctor1 스프라이트에서 코딩을 시작합니다.

1 〈 이벤트 〉 [스페이스 키를 눌렀을 때] 블록, 〈 형태 〉 [크기를 (#) 으로 정하기] 블록을 이용해 스프라이트의 크기를 150%로 변경해 봅니다.

〈 텍스트 음성 변환 〉 [말할 (안녕하세요)] 블록 안에 "안녕하세요. 닥터k 입니다." 문장을 만들어 넣어봅니다.

2 〈 제어 〉 [만약 ( ) 이(가) 참이면] 블록, 〈 TM 〉 [인식결과는 (할머니) 입니까?] 참이면 블록을 사용합니다. 〈 Google스프레드시트 〉 [공유시트에 연결 (#)] 블록에 공유하기로 만들어둔 Google스프레드시트 주소를 입력해줍니다.

TIP   Google 스프레드시트 만드는 방법

Google 스프레드시트를 만들어서 공유하는 방법에 대해 알아보겠습니다. Google스프레드시트를 복사한 후 권한을 편집자로 설정한 후 공유한 후 주소를 넣어주어야 합니다.

1 샘플 Google 스프레드시트로 들어간 후 사본만들기를 클릭합니다. 문서복사 화면이 보이면 사본생성을 클릭합니다.
샘플주소: https://docs.google.com/spreadsheets/d/1Rti5DDxqtbNzpvqcostjONHqX7gtcAxSPuesQEwWUic/edit#gid=0

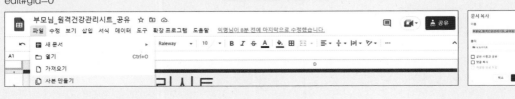

2 자 이제 사본이 생성되었다면 편집권한을 변경하고 공유해보도록 하겠습니다. 우측상단의 공유버튼을 클릭하면 팝업창이 뜹니다. 팝업창 하단에 보이는 일반액세스 제한됨을 [링크가 있는 모든 사용자]로 변경해주세요. 그리고 링크가 있는 모든사용자를 [편집자]로 변경하고 완료버튼을 눌러주세요.

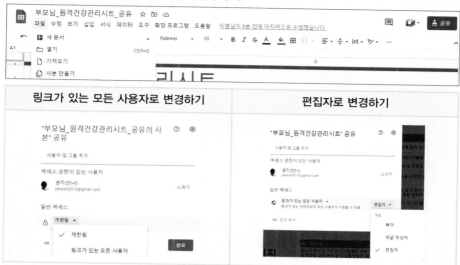

3 완료 버튼을 누르고 상단에 주소 링크를 복사해서 블록안에 주소를 넣어줍니다.

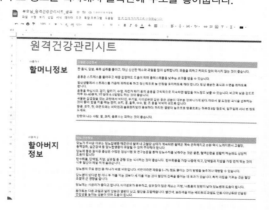

3 〈 텍스트 음성 변환 〉[말할 (안녕하세요)] 블록 안에 전달할 메시지를 입력합니다. "할머니 안녕하세요. "고혈압이신 할머니를 위한 오늘의 건강 맞춤 정보입니다." 문장을 입력해줍니다.

이번에는 〈 텍스트 음성 변환 〉[말할 (안녕하세요)] 블록을 이용하여 Google 스프레드시트에서 불러올 내용의 행과 열을 지정해봅시다. 할머니에 관련한 건강정보 컨텐츠를 입력해 둔 후 정해진 영역 안에서 랜덤하게 컨텐츠를 불러올 예정입니다. 그날그날 전달하고 싶은 메시지를 바꾸어 주어도 됩니다. 〈 Google 스프레드시트 〉[열에서 셀값읽기(#)

행] 블록 안에 〈 ● 연산 〉 [(#)부터 (#) 사이 임의의 수]를 이용하여 컨텐츠가 들어있는 행과 열을 입력합니다.

❹ 마찬가지로 〈 ● 제어 〉 [만약 ( ) 이(가) 참이면] 블록, 〈 ● TM 〉 [인식결과는 (할아버지)입니까?] 참이면 블록을 사용합니다. 〈 ● Google스프레드시트 〉 [공유시트에 연결 (#)] 블록에 공유해둔 Google 스프레드시트 동일한 주소를 입력해둡니다.

"할아버지 안녕하세요. 당뇨이신 할아버지를 위한 오늘의 건강 맞춤 정보 입니다" 문장을 입력해줍니다. Google 스프레드시트에서 이번에는 할아버지 정보가 있는 행과 열을 확인해서 값을 입력해줍니다.

TIP 인식서비스를 사용할 때 계속반복하기를 안 넣는 이유

엠블록은 인식서비스를 하루에 200회로 제한합니다. 번거롭지만 매번 스페이스를 눌러 인식하게끔 합니다. 얼굴을 인식 창에 보이게 한 후에 스페이스를 눌러야 인식이 잘됩니다.

5 그리고 아두이노에 연결한 MQ135 가스센서 값을 확인하고 센서 값에 따라 알람 메시지를 만들기 위해 코딩을 진행해 줍니다. 〈 업로드 모드 브로드캐스트 〉 [업로드모드 메시지를 수신할 때 (#)] 블록에 수신 메시지값 (message) 을 넣어줍니다.

6 〈 변수〉 블록꾸러미를 선택하고 [변수 만들기]를 이용해 MQ135 가스센서 값을 저장할 수 있도록 변수를 만들어두고 체크박스를 클릭해둡니다.

> **TIP** 체크박스에 표기를 해두면 변수 값을 무대화면에서 확인할 수 있어서 편리합니다.

〈 변수〉 [(공기질) 을(를) (0) 으로 설정하기] 에 변수에 〈 업로드 모드 브로드캐스트 〉 [업로드모드 메시지 (message)] 를 넣어줍니다.

7 〈 제어 〉 [만약 ( ) 이(가) 참이면] 블록, 〈 연산 〉 [(#) 〉 (#)] 블록을 이용하여 〈 변수〉 [공기질] 변수 값이 450 보다 크다면 〈 텍스트 음성 변환 〉 [말할 (안녕하세요)] 블록을 이용해 "공기가 매우 안 좋아요, 빨리 환기 시켜주세요"문장을 입력해줍니다.

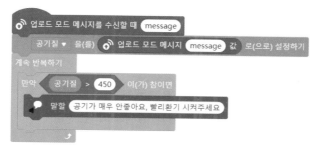

TIP 이산화탄소 (CO2) 가스센서 농도의 영향 기준

평균적인 일반대기 이산화탄소 농도는 400~500PPM 정도이며, 실내의 경우 800PPM 내외 입니다. 참고로 우리나라의 경우 CO2 허용 기준은 일반 실내의 경우 1000PPM이하를 권장하고 있습니다.

CO2 농도에 따른 인체에 끼치는 영향

😊 350~450ppm   일반 일상 속에서의 실외 공기

😐 450~1000ppm   공기가 맑고 호흡에 큰 지장은 없는 정도

🙁 1000~2000ppm 공기가 탁하게 느껴지고 잠이 많아짐

😫 2000~5000ppm 머리가 아프고 잠이 많아지고 집중력이 떨어지며
                 심장 박동수가 빨라져 경미한 구토 유발 반응

😵 5000ppm 이상   영구적인 뇌손상 혹 심각한 경우 사망까지 이름

3 _ [아두이노] 주요블록 알아보기

꾸러미	블록	설명
업로드 모드 브로...	📡 업로드 모드 메시지를 수신할 때 (message)	아두이노에 프로그램 업로드 후 업로드 메시지를 수신할 때 사용하는 블록입니다.
핀	∞ 아날로그(A) 핀 (0) 번 읽기	아두이노의 아날로그 핀에 연결된 센서 값을 읽어오는 블록입니다.

4 _ [아두이노] 코딩

자! 이제 아두이노 장치에 연결된 MQ135가스센서 값을 확인 할 수 있도록 코딩해 보겠습니다.

1 〈 이벤트 〉[arduino Uno가 켜지면] 블록, 〈 제어 〉[계속반복하기] 블록 안에 〈 변수〉 [(공기질) 을(를) (0) 으로 설정하기] 에 변수에 〈 핀 〉[아나로그핀 (#) 번 읽기] 을 넣어줍니다.

그리고 〈 업로드 모드 브로드캐스트 〉 [업로드모드 메시지 보내기 (message) 값으로 (#)] 〈 변수〉 [공기질] 변수 값을 넣어줍니다. 5초마다 센서 값을 전송하기 위해 〈 제어 〉 [( ) 초기다리기] 블록에 숫자를 입력해줍니다.

```
arduino Uno가 켜지면

계속 반복하기
    공기질 ▼ 을(를)  ∞ 아날로그(A) 핀  0  번 읽기  로(으로) 설정하기
    ⌁ 업로드 모드 메시지 보내기  message  값으로  공기질
       5  초 기다리기
```

2 여기까지 코딩하면 아두이노 코딩 완성입니다.

6단계 ▶ 테스트하기

1 업로드를 클릭해서 프로그램을 업로드 합니다.(업로드하는 방법은 9장을 참고하면 됩니다.)

2 카메라에 얼굴을 비춘 후 스페이스 키를 눌러 잘 인식되는지 인식 창을 이용해 확인합니다.

3 인식결과에 따라 Google 스프레트시트에 입력해둔 컨텐츠가 잘 읽히는지 확인해봅니다.

4 아두이노에 A0번 핀에 연결된 MQ135가스센서 값이 화면에서 잘 보이는지 확인합니다.

7단계 ▶ 마무리하기

1 가스센서 값을 잘 확인하기 위해 집에 있는 휴지에 소독약을 묻혀서 센서 가까이 가져가면 센서 값의 변화를 볼 수 있습니다.

PART 04

인공지능 SDGs 프로젝트

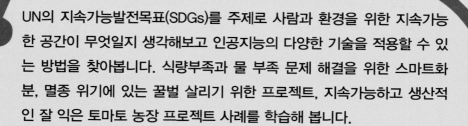

UN의 지속가능발전목표(SDGs)를 주제로 사람과 환경을 위한 지속가능한 공간이 무엇일지 생각해보고 인공지능의 다양한 기술을 적용할 수 있는 방법을 찾아봅니다. 식량부족과 물 부족 문제 해결을 위한 스마트화분, 멸종 위기에 있는 꿀벌 살리기 위한 프로젝트, 지속가능하고 생산적인 잘 익은 토마토 농장 프로젝트 사례를 학습해 봅니다.

엠블록에서 제공하는 AI블록을 사용하여 인공지능이 학습하고 모델을 만드는 과정을 이해할 수 있습니다. 또한, 인공지능을 활용한 엠블록 코딩과 아두이노 피지컬 보드를 융합하여 어떻게 사용할 수 있는지 모형을 만들어 봅니다.

인공지능 기술로 가치 있는 세상을 만들기 위해 생활 속에 적용해볼 수 있는 다양한 아이디어를 스스로 도출해보고 그동안 학습한 예제들을 활용하고 응용하여 만들어 봅니다. 가까운 미래에 인공지능 농장을 운영하여 지속가능한 생산과 소비를 통해 여러분과 다른 사람의 삶의 질을 높이는 기회가 될 것입니다.

〈16장〉 엠블록 인공지능 TTS활용 프로젝트

작품명 ▶ 식량위기 해결을 위한 스마트화분

레벨 ★★★☆☆

완성 프로그램
16_스마트화분.ent

학습목표 ▶
- UN의 지속가능발전목표와 연계해 식량부족과 물부족 문제의 해결 방법을 생각할 수 있습니다.
- 3개 이상의 부품과 연결한 피지컬 컴퓨팅 방식을 이해할 수 있습니다.

1단계 ▶ 생각열기

1 _ 알아보기

UN은 경제, 사회, 환경 문제를 통합적으로 해결하기 위하여 2015년도에 지속가능발전목표 (SDGs: Sustainable Development Goals)를 채택합니다. 이를 통하여 지속가능발전의 틀 내에서 현세대와 미래세대의 삶의 질을 높이기 위해 2030년까지 달성해야 할 인류 공동의 목표를 명시하고 있습니다.

17개 목표 중 이번 프로젝트에서 중점적으로 다뤄볼 (목표 2)'식량안보 및 지속가능한 농업 발전', (목표 6)'건강하고 안전한 물관리'에 대해 알아보겠습니다.

기아는 전 세계적으로 다시 증가하고 있으며 영양 부족은 수백만 명의 어린이에게 계속 영향을 미치고 있습니다. 전 세계적으로 농업에 대한 공공 투자가 감소하고 있으며 소규모 식품 생산자와 가족 농부는 훨씬 더 많은 지원을 필요로 하며 지속 가능한 농업을 위한 기반 시설 및 기술에 대한 투자 증가가 시급합니다. – 출처: angelmedia.org –

깨끗한 물과 위생. 진전에도 불구하고 수십억 명의 사람들은 여전히 안전한 물, 위생 시설 및 손 씻기 시설이 부족합니다. 데이터에 따르면 2030년까지 기본적인 위생 서비스에 대한 보편적인 접근을 달성하려면 현재 연간 발전 속도를 두 배로 늘려야 합니다. 물에 대한 수요 증가, 물 안보에 대한 위협, 기후 변화로 인한 가뭄과 홍수의 빈도 및 심각도 증가를 해결하려면 물을 보다 효율적으로 사용하고 관리하는 것이 중요합니다. – 출처: angelmedia.org –

식량과 물이 부족하면 우리의 생활에 어떤 불편함이 있을지 적어봅시다.

인공지능과 사물인터넷을 활용해 물 부족과 식량위기 문제가 어떻게 해결할 수 있을지 아이디어를 생각해 봅시다. (3가지 이상)

2 _ 미션 확인하기

스마트 화분은 토양수분센서로 습도를 측정해 물이 필요할 때를 알려주고, 조도센서를 활용해 식물에 빛이 필요할 때 조명을 켜주는 똑똑한 화분입니다.
이번 작품에서는 센서 2개(토양수분센서, 조도센서)와 엑추에이터(삼색LED)를 함께 사용합니다.

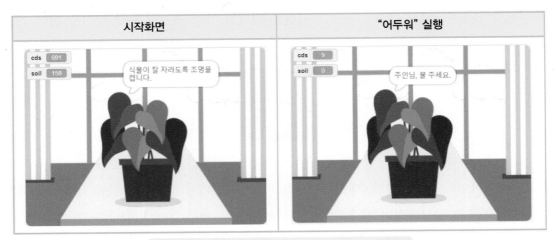

시작화면	"어두워" 실행

실습 결과 동영상 QR코드

https://youtu.be/nHslQGv8UZ0

〈지속가능한 인공지능 AI 18개 작품 만들기〉 **키트**는 이 책의 작품 실습에 필요한 부품을 모두 포함하고 있습니다. 구매처는 이 책의 **7쪽**을 참고합니다.

1 _ 재료 준비하기

키워드 음성인식서비스, 삼색LED, 팬

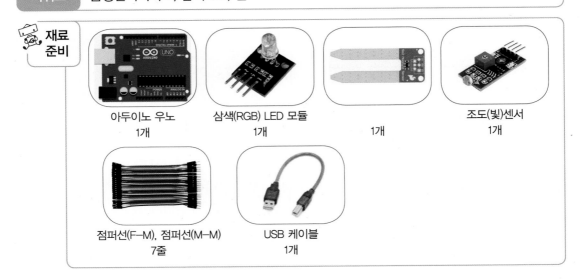

재료 준비

아두이노 우노
1개

삼색(RGB) LED 모듈
1개

1개

조도(빛)센서
1개

점퍼선(F–M), 점퍼선(M–M)
7줄

USB 케이블
1개

TIP 아두이노 보드에 연결하는 부품(센서나 엑츄에이터)은 1개가 될 수도 있고 2개 이상이 될 수도 있습니다. 이번 시간에는 3개의 부품(삼색LED, 토양수분센서, 조도(빛)센서)을 이용해 보겠습니다.

TIP 토양수분센서란?

수분을 감지할 수 있는 센서모듈입니다.

수분이 없으면 '0'이, 수분이 있으면 숫자가 '0'보다 크게 나타납니다. 아날로그핀을 통해 센서의 값을 읽어올 수 있습니다.

TIP 조도(빛)센서란?

조도(빛의 세기)를 측정할 수 있는 센서모듈입니다. 밝기에 따라 값의 크기가 달라집니다.

이번 프로젝트에 사용하는 조도센서의 경우 밝으면 0에 가까운 값이, 어두울수록 0보다 큰 값이 측정됩니다.

2 _ 회로 연결하기

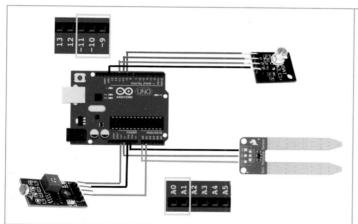

삼색 LED 모듈	아두이노 핀
빨강(R)	9
초록(G)	10
파랑(B)	11
GND	GND
토양수분/조도센서	**아두이노핀**
VCC	5V/3.3V
S(신호선)	A0/A1
GND	GND

1 삼색 LED R핀은 아두이노 9번핀에 연결합니다.

2 삼색 LED G핀은 아두이노 10번핀에 연결합니다.

3 삼색 LED B핀은 아두이노 11번핀에 연결합니다.

4 삼색 LED GND핀은 아두이노 GND핀에 연결합니다.

5 토양수분센서 VCC(빨강)는 아두이노 5V핀에 연결합니다.

6 조도센서 VCC(빨강)는 아두이노 3.3V핀에 연결합니다

7 토양수분센서/조도센서 GND(검정)는 아두이노 GND핀에 연결합니다.

8 토양수분센서/조도센서 S(신호선)는 아두이노 A0핀/A1핀에 연결합니다.

9 회로 연결후 USB포트를 이용하여 컴퓨터와 연결합니다.

TIP 아두이노 보드에는 총 3개의 GND핀이 있습니다. 부품별로 GND가 필요한 경우 하나씩 사용하면 됩니다.

3 _ 엠블록 장치연결하기

엠블록 실행후 아두이노 장치를 연결합니다. 엠블록 장치 연결 방법은 9장 4.엠블록 장치
연결하기를 참조합니다.

3단계 ▶ 확장하기

1 _ 스프라이트 확장블록

1 인공지능의 서비스를 이용하기 위해 확장블록을 추가 합니다. 반드시 로그인이 필요합니다.

2 [업로드 모드 브로드캐스트]는 장치(디바이스)와 스프라이트가 상호 작용을 할 수 있도
록 도와주는 블록입니다.

3 [Text to Speech]는 입력된 텍스트를 다양한 음성으로 말해주는 확장 블록입니다.

2 _ 장치(디바이스) 확장블록

1 스프라이트에서 [업로드 모드 브로드캐스트]를 추가했다하더라도 장치(디바이스)에서도
[업로드 모드 브로드캐스트]를 반드시 추가해줘야 합니다.

1 _ 화면구성하기

화면구성을 위해 배경을 "Office3"로 정하고 "Pot plant1" 스프라이트를 선택해 추가합니다.

배경 정하기	스프라이트 선택하기
Office3	Pot plant1

5단계 ▶ 코딩하기

1 _ [스프라이트] 주요블록 알아보기

꾸러미	블록	설명
형태	안녕! 을(를) 2 초 동안 말하기	스프라이트가 입력한 내용을 입력한 시간동안 말하는 블록입니다.
연산	◯ > 50	왼쪽에 위치한 값이 오른쪽에 위치한 값보다 크면 '참'으로 판단합니다.
변수	cds ▼ 을(를) 0 로(으로) 설정하기	선택한 변수에 값을 정하는 블록입니다.
텍스트 음성 변환	말할 안녕하세요	입력한 텍스트를 음성으로 말해주는 블록입니다.
업로드 모드 브로드 캐스트	업로드 모드 메시지를 수신할 때 message	아두이노에 프로그램 업로드 후 업로드 메시지를 수신할 때 사용하는 블록입니다.
	업로드 모드 메시지 message 값	업로드 메시지로 보내진 값이 들어있는 블록입니다.

PART 04

2 _ [스프라이트] 코딩하기 (1단계)

아두이노에서 받은 토양수분센서 값과 조도센서의 값을 변수에 넣어 화면에 표시해 보겠습니다.

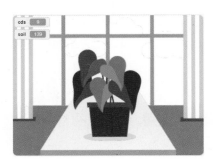

1 〈 ● 변수〉블록꾸러미를 선택하고 [변수만들기]를 이용해 토양수분 센서값과 조도(빛) 센서 값을 저장할 [soil]과 [cds]변수 2개를 만듭니다. (자세한 [변수 만들기]는 11장을 참고합니다.)

2 〈 ● 업로드 모드 브로드캐스트 〉 [업로드 메시지를 수신할 때 (message)]블록을 사용해 아두이노에서 보낸 토양수분센서 값을 [soil]변수에 넣어줍니다.

❸ 같은 방식으로 〈 📶 업로드 모드 브로드캐스트〉[업로드 메시지를 수신할 때 (message)] 블록을 사용해 아두이노에서 보낸 조도센서 값을 변수 [cds]변수에 넣어줍니다.

3 _ [스프라이트] 코딩하기 (2단계)

(1단계) 소스코드에 화분 스프라이트가 상황에 따라 적절한 말을 하도록 코딩합니다.

❶ 〈 이벤트 〉 [깃발을 클릭했을 때]블록, 〈 제어 〉 [계속 반복하기] 블록을 추가합니다.

❷ 〈 제어 〉 [만약 ( ) 이(가) 참이면/아니면] 블록, 〈 연산 〉 [( ) 〉 50]블록을 사용해 조건식을 만듭니다. 토양수분센서 값이 50 이하라면 물이 부족하다고 판단합니다.

❸ 〈 텍스트 음성 변환 〉 [말할 (안녕하세요)] 블록과 〈 형태 〉 [(안녕!)을 (2)초 동안 말하기]을 사용해 "주인님, 물 주세요"를 말하기 합니다.

> **TIP** 물이 부족할 때의 토양수분센서 값은 상황에 따라 정해 사용하면 됩니다. 여기서는 50을 기준으로 잡았습니다.

❹ 물이 충분하다면 실행할 코드를 만듭니다.

조도센서 값인 [cds]변수를 이용해 〈 제어 〉 [만약 ( ) 이(가) 참이면] 블록, 〈 연산 〉 [( ) 〉 50]블록으로 조건식을 만들고, 빛이 부족하면 "식물이 잘 자라도록 조명을 켭니다."를 말하게 합니다.

> **TIP** 어둡다는 것을 판단하는 조도(빛)센서 값은 상황에 따라 정해 사용하면 됩니다. 여기서는 500을 기준으로 잡았습니다.

5 전체 스프라이트 코드입니다.

4 _ [아두이노] 주요블록 알아보기

블록	설명
업로드 모드 메시지 보내기 (message) 값으로 (1)	아두이노 장치와 스프라이트가 서로 상호 작용할 수 있도록 업로드 모드 메시지를 송신할 때 사용하는 블록입니다.
아날로그(A) 핀 (0) 번 읽기	아두이노의 아날로그핀에 연결된 센서값(아날로그값)이 들어있는 블록입니다.
디지털 핀 (9) 번에 출력 (high ▼) 으로 설정하기	아두이노의 디지털 핀에 연결된 디지털 값을 high=켜기 low=끄기 설정하는 블록입니다.

5 _ [아두이노] 코딩하기

이제부터는 아두이노 코딩입니다.

물부족이 식물의 성장에 가장 큰 영향을 준다고 생각하여, 가장 먼저 토양수분센서의 값을 확인합니다. 물이 충분하다면 조도(빛)센서의 값을 확인해 주위가 어둡다면 식물의 성장을 돕기위해 조명을 켜주도록 하겠습니다.

1 〈 이벤트 〉 [arduino Uno가 켜지면] 블록, 〈 핀 〉 [(아날로그핀 (0)번 읽기] 블록, 〈 업로드 모드 브로드캐스트 〉 [업로드 모드 메시지 보내기 (message)값 으로 (1)] 블록을 사용해 아날로그 0번 핀의 토양수분센서 값과 아날로그 1번 핀의 조도(빛)센서 값을 5초마다 엠블록으로 보냅니다.

2 스프라이트와 마찬가지로 〈 제어 〉 [만약 ( ) 이(가) 참이면/아니면] 블록, 〈 연산 〉 [( ) 〉 50]블록을 사용해 토양수분센서 값(아날로그핀 0번)이 50 이하라면 물이 부족하다고 판단하는 조건식을 만듭니다.

3 〈 핀 〉 [(디지털핀 (9)번에 출력 (high) 으로 설정하기] 블록을 사용하여 물이 부족하면 삼색 LED에 빨강불을 켜도록 합니다.

〈 핀 〉 [(디지털핀 (9)번에 출력 (high) 으로 설정하기] ,

〈 핀 〉 [(디지털핀 (10)번에 출력 (low) 으로 설정하기] ,

〈 핀 〉 [(디지털핀 (11)번에 출력 (low) 으로 설정하기]로 만들면 됩니다.

4 물이 충분하다면 실행할 코드를 만듭니다.

〈 ⬤ 제어 〉[만약 ( ) 이(가) 참이면/아니면] 블록, 〈 ⬤ 연산 〉[( ) 〉 50]블록으로 조건식을 만들고, 조도센서 값(아날로그핀 1번)을 이용해 빛이 부족하면 흰색 조명을 켜 식물에게 빛을 주도록 하고, 그렇지 않다면 초록불을 켜도록 합니다.

5 아두이노 전체 코드입니다.

6 여기까지 코딩하면 아두이노 코딩 완성입니다.

1 토양수분센서의 값이 50이하일 때 물 부족을 알려주는 빨강불이 켜지며, "주인님, 물 주세요"를 말하는지 확인합니다.

2 토양수분센서의 값이 50보다 크고, 주위가 어두울 때 흰색불이 켜지며, "식물이 잘 자라도록 조명을 켭니다"를 말하는지 확인합니다.

3 토양수분센서의 값이 50보다 크고, 주위가 밝을 때 초록불이 잘 켜지는지 확인합니다.

7단계 ▶ 마무리하기

1 스마트 화분을 확장해 스마트팜을 만든다면 어떤 기능을 추가하면 좋을지 생각해 봅시다.

(**예** 온도가 높아지면 자동으로 팬이 돌아가고, 수분이 부족하면 펌프를 이용해 자동으로 물을 공급한다.)

PART 04

<17장> 엠블록 인공지능 기계학습 프로젝트

작품명 꿀벌 검사 인공지능 로봇

 2 식량안보 및 지속가능한 농업강화

 8 좋은 일자리 확대와 경제성장

레벨 ★★★☆☆

완성 프로그램
17_꿀벌검사 인공지능 로봇.ent

학습목표 ▶
- UN의 지속가능발전목표와 연계해 멸종위기 꿀벌 살리기 기계학습 프로그램을 할 수 있습니다.
- 도트매트릭스를 꿀벌 인공지능 저장소로 표현하여 코딩할 수 있습니다

1단계 ▶ 생각열기

1 _ 알아보기

맛있는 꿀을 만드는 꿀벌이 멸종위기 곤충이라고 합니다. 지구 온난화에 따른 기후 변화도 꿀벌에게 문제이지만 '꿀벌응애' 진드기는 꿀벌 벌집을 파괴한다고 합니다. 이를 예방하기 위해서 꿀벌이 벌집에 들어가기 전에 진드기 검사를 하고 벌집을 지키는 인공지능 '퍼플하이브 프로젝트'라는 것을 호주에서 이안케인이 만들었습니다. — 출처:IT조선 2020년 8월 7일 —

출처:https://purplehiveproject.com.au/purple-hive-project/

출처:https://www.beewise.ag/

비와이즈(Beewise) 회사에서 해충의 위협으로부터 벌을 보호하는 자율로봇 벌집을 발명해서 9801 억원을 투자 받았다고 합니다. 기존의 양봉상자 보다 60% 더 많은 꿀을 수확했다고 합니다. — 출처:로봇신문 2022년 4월13일 —

이번 프로젝트는 엠블록의 기계학습을 통하여 꿀벌AI가 꿀벌의 진드기를 제거하여 국가지속가능발전목표 (Goal 2)'식량안보와 지속가능한 농업강화'와 도트매트릭스 꿀통을 이용하여 꿀을 많이 채집하여 (Goal 8)'좋은 일자리 확대와 경제성장'을 위한 프로그램을 만들어 봅니다.

PART 04

2 _ 아이디어 도출하기

꿀벌이 멸종되는 이유는 무엇이 있는지 알아보고, 해결하기 위한 방법을 생각해 봅니다.
꿀 생산량과 경제와의 관계는 어떤 것이 있는지, 인공지능을 사용하여 꿀벌 검사하는 방법과 사물인터넷을 사용하여 어떤 꿀통을 만들지를 생각해 봅니다.

3 _ 미션 확인하기

꿀을 많이 저장하기 위한 꿀통을 만들고 꿀벌검사 인공지능 로봇 프로그램을 만들어 봅니다. 꿀통에 꿀벌이 접근하면 진드기 감염 검사를 하고 감염되었으면 꿀벌을 치료합니다.
꿀벌이 감염되지 않았으면 바로 꿀통에 꿀을 저장합니다.
이 꿀통은 max7219 도트매트릭스를 사용합니다.
진드기는 꿀벌만 바라보며 조금씩 이동합니다. 꿀벌과 진드기가 만나면 꿀벌은 진드기에 감염되고 꿀벌이 이동할 때 진드기도 같이 다닙니다.
꿀벌검사 인공지능 로봇이 꿀벌 감염검사를 할 때 감염시킨 진드기는 꿀벌위치에 있고, 감염시키지 않은 진드기는 꿀벌 쪽은 바라보기는 할 수 있지만 꿀벌검사 로봇이 꿀통을 지키기에 이동은 할 수 없습니다. 감염된 꿀벌은 치료를 해서 꿀벌 멸종을 방지하고, 안전한 꿀만 꿀통에 채우기 때문에 좋은 품질의 꿀 생산량을 늘릴 수 있어서 꿀벌 농가에 도움을 주어 경제발전에 많은 도움이 됩니다.

시작화면	아두이노+도트매트릭스

실습 결과 동영상 QR코드

https://youtu.be/Jl7ZjV_G0wk

2단계 ▶ 준비하기

1 _ 재료 준비하기

키워드 기계학습, 도트매트릭스

**재료
준비**

아두이노 우노	도트매트릭스	점퍼선(F—M)	USB 케이블
1개	1개	5줄	1개

2 _ 회로 연결하기

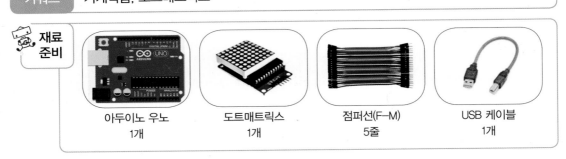

도트매트릭스	아두이노 핀
DIN	7
CS	6
CLK	5
VCC	5V
GND	GND

1 도트매트릭스 DIN핀은 아두이노 7번 핀에 연결합니다.

2 도트매트릭스 CS핀은 아두이노 6번 핀에 연결합니다.

3 도트매트릭스 CLK핀은 아두이노 5번 핀에 연결합니다.

4 도트매트릭스 VCC핀은 아두이노 5V핀에 연결합니다.

5 도트매트릭스 GND핀은 아두이노 GND핀에 연결합니다.

6 회로 연결후 USB포트를 이용하여 컴퓨터와 연결합니다.

3 _ 엠블록 설치 및 가입하기

엠블록에 아두이노와 같은 외부장치를 연결하려면 엠블록 장치를 이용합니다.

엠블록 장치 연결하는 방법은 9장 4.엠블록 장치 연결하기를 참고하면 됩니다.

엠블록 설치 및 가입하기는 9장 3.엠블록 설치 및 가입하기를 참고하면 됩니다.

3단계 ▶ **확장하기**

1 _ 스프라이트 확장블록

1 기계학습의 서비스를 이용하기 위해 확장블록을 추가 합니다. 반드시 로그인이 필요합니다. (회원가입 방법은 9장 3.엠블록 설치 및 가입하기를 참고하면 됩니다.)

이번 프로젝트에서 [기계학습]은 컴퓨터가 꿀벌 치료약과 가짜약을 카메라로 학습하여 만들어진 모델을 사용하는 확장블록입니다.

2 [업로드 모드 브로드캐스트]는 장치(디바이스)와 스프라이트가 상호 작용을 할 수 있도록 도와주는 블록입니다.

3 Text to Speech는 입력된 텍스트를 다양한 음성으로 말해주는 확장 블록입니다.

2 _ 장치(디바이스) 확장블록

1 스프라이트에서 [업로드 모드 브로드캐스트]를 추가했다하더라도 장치(디바이스)에서도 업로드 모드 브로드캐스트를 반드시 추가해줘야 합니다.

2 도트 매트릭스를 사용하기 위한 블록으로 MAX72를 검색하여 확장합니다.

4단계 ▶ 디자인하기

1 _ 화면구성하기

먼저 장치에서 아두이노를 추가하고, 스프라이트에서 판다 스프라이트는 삭제합니다.

화면구성을 위해 배경을 "실외〉Forest"로 정하고 "동물〉bee1" 스프라이트1, "동물〉bug4" 스프라이트2, "사람들〉Farmer1" 스프라이트3, "식물〉Flower26" 스프라이트4, "아이콘 〉Display board2" 스프라이트5 를 선택하여 추가해둡니다.

배경 정하기	스프라이트 1	스프라이트 2	스프라이트 3
Forest	Bee1	Bug4	Farmer1

스프라이트 4	스프라이트 5	전체모습
Flower26	Display board2	

5단계 ▶ 코딩하기

1 _ [스프라이트] 주요블록 알아보기

꾸러미	블록	설명
형태	안녕! 을(를) 2 초 동안 말하기	스프라이트가 입력한 내용을 입력한 시간동안 말하는 블록입니다.
형태	앞 ▼ 번째로 물러나기	스프라이트의 layer의 위치를 앞으로 위치하거나 뒤로 물러나게 합니다.
연산	◯ > 50	왼쪽에 위치한 값이 오른쪽에 위치한 값보다 크면 '참'으로 판단합니다.
변수	꿀 ▼ 을(를) 0 로(으로) 설정하기	선택한 변수에 값을 정하는 블록입니다.
관찰	마우스 포인터 ▼ 에 닿았나요?	마우스포인터, 가장자리, 스프라이트에 닿는지 조건문에 넣어 사용할 수 있는 블록입니다.
TM	인식 결과는 꿀벌치료약 ▼ 입니까?	기계학습을 진행하고 나온 결과 블록입니다. 인식결과에 따른 다양한 코딩을 할 수 있습니다.

텍스트 음성 변환	말할 안녕하세요	입력한 텍스트를 음성으로 말해주는 블록입니다.
업로드 모드 브로드 캐스트	업로드 모드 메시지를 수신할 때 message	아두이노에 프로그램 업로드 후 업로드 메시지를 수신할 때 사용하는 블록입니다.
업로드 모드 브로드 캐스트	업로드 모드 메시지 보내기 message	아두이노 장치와 스프라이트가 서로 상호 작용할 수 있도록 업로드모드 메시지를 송신할 때 사용하는 블록입니다.

2 _ [스프라이트] 코딩하기 (1단계)

스프라이트에서 코딩하기 전에 기계학습모델을 만들어봅니다.

1 기계학습 모델을 만들기 위해 〈 ● TM 〉 블록꾸러미에서 [학습모델]메뉴를 클릭하고 모델학습을 시작합니다.

2 [꿀벌치료약], [가짜약], [배경] 세 개의 클래스 목록를 만듭니다. 클래스로 사용할 그림은 교재의 부록 그림을 사용하거나 직접 그림을 그려서 사용해도 됩니다.

배우기　 배우기 　버튼을 눌러 학습을 진행합니다. 90% 이상 인식이 잘되고 학습이 다 되었다면 모델사용 모델 사용 버튼을 눌러 학습을 완료합니다.

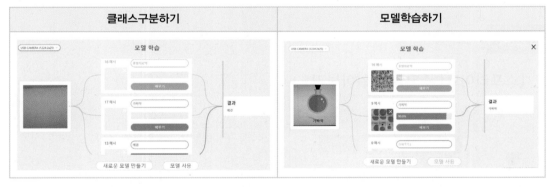

3 〈 ● TM 〉블록꾸러미에서 [학습모델] 메뉴 아래 학습된 블록이 생성되었는지 확인합니다. 인식 창을 열어 학습이 잘되었는지 확인합니다.

모든 스프라이트에서 코딩을 시작합니다.

1 모든 스프라이트의 초기 위치와 크기를 정합니다. 각각의 모든 스프라이트에서 다음의
〈 🔵 이벤트 〉 [깃발을 클릭했을 때]블록, 〈 🔵 동작 〉 [x: (#) y: (#) 로(으로) 이동하기]
블록, 〈 🔵 형태 〉 [크기를 (#)% 으로 정하기] 블록을 사용합니다.

Bee1 스프라이트는 [x:0 y:10 로(으로) 이동하기], [크기를 80% 로 정하기],

Bug4 스프라이트는 [x:−150 y:−120 로(으로) 이동하기], [크기를 50% 로 정하기],

Farmer1 스프라이트는 [x:150 y:−20 로(으로) 이동하기], [크기를 200% 로 정하기],

Flower26 스프라이트는 [x:−180 y:0 로(으로) 이동하기]로 코딩합니다.

Displayboard2 스프라이트는 [x:0 y:−120 로(으로) 이동하기] 로 코딩합니다.

〈 🔵 형태 〉 [앞번째로 물러나기]] 블록을 이용해 Displayboard2 위치를 꿀벌보다 뒤에 위
치하도록 [뒤번째로 물러나기]로 코딩합니다.

오른쪽 그림은 배경과 스프라이트를 추가하고 초기 위치를 코딩한 화면입니다.

Bee1 스프라이트에서 이어서 코딩합니다.

2 Bee1 스프라이트가 오른쪽 화살표 키에 따라 이동하도록 합니다.

〈 이벤트 〉 [깃발을 클릭했을 때]블록, 〈 제어 〉 [계속반복하기] 블록, 〈 제어 〉 [만약 ( ) 이(가) 참이면] 블록, 〈 관찰 〉 [(스페이스) 키를 눌렀는가?] 블록, 〈 동작 〉 [x좌표를 (#) 만큼 변경하기] 블록을 가져옵니다. [스페이스키를눌렀는가]를 [오른쪽화살표키를 눌렀는가]로 변경합니다.

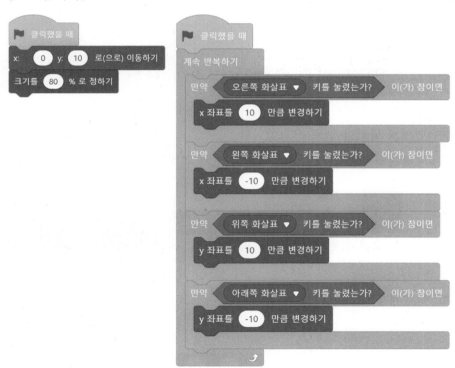

3 Bee1(꿀벌)을 오른쪽, 왼쪽, 위쪽, 아래쪽 이동을 하기 위해 다른 방향키 블록코드도 완성하고 테스트합니다.

Bug4 스프라이트에서 이어서 코딩합니다.

❹ Bug4 스프라이트가 Bee1(꿀벌)쪽을 보고 천천히 움직이도록 합니다.

〈 ● 형태 〉[안녕!을(를) (2)초 동안 말하기]블록을 추가하여 [진드기 이동합니다.을(를) (2)초 동안 말하기]합니다. 〈 ● 제어 〉[계속반복하기] 블록, 〈 ● 동작 〉[마우스포인터 쪽 보기] 블록, 〈 ● 동작 〉[(#) 만큼 움직이기] 블록을 추가합니다.

[마우스포인터쪽 보기]는 [Bee1쪽 보기]로, [10만큼 움직이기] 는 [1만큼 움직이기]로 코딩합니다. 오른쪽 그림은 코딩을 테스트한 화면입니다.

❺ 스프라이트 이름을 변경하여 프로그램 만들 때 편하게 사용합니다.

Bug4는 진드기, Farmer1은 꿀벌검사AI, Displayboard2는 꿀통으로 이름을 변경합니다.

Bee1 스프라이트에서 이어서 코딩합니다.

6 꿀벌이 이동하며 꿀을 얻었는지, 진드기에 감염되었는지 그리고 꿀통에 접근해서 진드기 감염검사를 진행하기 위해 변수 꿀, 진드기, 꿀벌검사AI를 만듭니다.

변수 꿀의 초기값은 '없음', Bee1 스프라이트가 Flower26 스프라이트에 닿았다면 '있음' 값을 갖는 변수입니다. 변수 진드기의 초기값은 '감염전', Bee1 스프라이트가 진드기 스프라이트에 닿았다면 '꿀벌감염' 값을 갖는 변수입니다.

변수 꿀벌검사AI의 초기값은 '1단계검사전', 검사 단계는 '2단계꿀벌감염검사', 감염이 되었다면 '3단계꿀벌치료', '4단계치료완료', 감염되지않았다면 '3단계꿀검사', '4단계꿀통채우기완료'값을 갖는 변수입니다.

7 프로그램을 실행하면서 스프라이트의 위치와 변수 값을 초기화하기 위해 초기화메세지를 만듭니다.

〈 이벤트 〉[메세지1 을(를) 받았을 때] 블록을 가져와 [메세지1을(를) 받았을때]를 [초기화을(를) 받았을 때]로 변경합니다.

[깃발을 클릭했을 때] 블록에 연결된 [x:(0) y:(10)로(으로) 이동하기] 블록과 [크기를 (80)%으로 정하기] 블록을 [초기화(을)를 받았을 때] 블록으로 이동합니다.

〈 이벤트 〉 [메세지1 을(를) 보내기] 블록을 가져와 [초기화을(를) 보내기] 로 변경하고 [깃발클릭했을 때] 블록에 연결합니다.

〈 변수〉 [꿀 을(를) 0 로(으로) 설정하기] 블록을 세 개 가져와서 [꿀 을(를) 없음로(으로) 설정하기], [진드기 을(를) 감염전로(으로) 설정하기], [꿀벌검사AI 을(를) 1단계감염전로(으로) 설정하기]로 변경합니다.

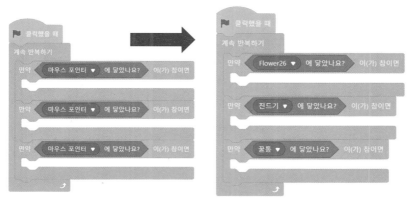

8 꿀벌이 이동하며 꽃에 닿으면 꿀이 있음으로, 진드기에 닿으면 꿀벌감염으로, 꿀통에 닿으면 감염검사를 하기 위해 꿀통위치로 이동하기를 만들어봅니다.

〈 이벤트 〉 [깃발을 클릭했을 때] 블록, 〈 제어 〉 [계속반복하기] 블록을 가져옵니다. 〈 제어 〉 [만약 ( ) 이(가) 참이면] 블록 세 개, 〈 관찰 〉 [(마우스포인터)에 닿았나요?] 블록 세 개를 가져옵니다.

Bee1(꿀벌) 스프라이트가 꽃, 진드기, 꿀통에 닿았는지를 확인하기 위해 [마우스 포인터에 닿았나요?] 블록을 각각 [Flower26에 닿았나요?], [진드기에 닿았나요?], [꿀통에 닿았나요?]로변경합니다.

〈 ● 변수〉 꿀 ▼ 을(를) 0 로(으로) 설정하기 블록을 두 개 가져와서 [꿀 을(를) 있음로(으로) 설정하기], [진드기 을(를) 꿀벌감염로(으로) 설정하기]로 변경하여 연결합니다.

〈 ● 형태 〉[(안녕!)을 (2)초 동안 말하기]블록, 〈 ● 동작 〉[(임의의위치) 위치로 이동하기] 블록을 가져옵니다.

[(안녕!)을 (2)초 동안 말하기] 블록은 [꿀통접근을 1초동안 말하기], [임의의위치 위치로 이동하기]블록은 [꿀통위치로 이동하기]로 변경하여 연결합니다.

꿀벌을 이동시키며 꽃, 진드기, 꿀통에 닿았을 때 동작이 잘 되는지 확인합니다. 오른쪽 그림은 코딩을 테스트한 화면입니다.

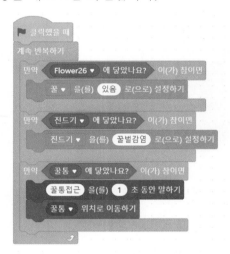

3 _ [스프라이트] 코딩하기 (2단계)

꿀벌이 이동하며 꿀통에 닿았다면 꿀벌검사AI가 진드기 감염검사와 꿀검사를 하도록 합니다.

지금까지 코딩은 꿀벌검사AI 변수가 '1단계검사전' 일 때 실행하도록 하고, 꿀벌검사AI 변수가 다음의 검사단계에 따라 진행하도록 프로그램을 만들어봅니다.

꿀벌검사AI ▼ 을(들) 1단계검사전 로(으로) 설정하기

꿀벌검사AI ▼ 을(들) 2단계꿀벌감염검사 로(으로) 설정하기

꿀벌검사AI ▼ 을(들) 3단계꿀벌치료 로(으로) 설정하기

꿀벌검사AI ▼ 을(들) 4단계치료완료 로(으로) 설정하기

꿀벌검사AI ▼ 을(들) 3단계꿀벌검사 로(으로) 설정하기

꿀벌검사AI ▼ 을(들) 4단계꿀통채우기완료 로(으로) 설정하기

Bee1 스프라이트에서 이어서 코딩합니다.

1 꿀벌이 이동하며 꿀통에 닿았다면 꿀벌검사AI가 검사를 진행하기 위해 2단계꿀벌감염 검사로 변수를 변경합니다.

〈 변수〉 [꿀 을(를) 0 로(으로) 설정하기] 블록을 가져옵니다.

[꿀 을(를) 0으로 설정하기]는 [꿀벌검사AI을(를) 2단계꿀벌감염검사으로 설정하기]로 변경 하여 [만약 꿀통에 닿았나요?(이)가 참이면] 블록에 연결합니다.

```
클릭했을 때
계속 반복하기
  만약  Flower26 ▼  에 닿았나요?  이(가) 참이면
    꿀 ▼  을(를)  있음  로(으로) 설정하기

  만약  진드기 ▼  에 닿았나요?  이(가) 참이면
    진드기 ▼  을(를)  꿀벌감염  로(으로) 설정하기

  만약  꿀통 ▼  에 닿았나요?  이(가) 참이면
    꿀통접근  을(를)  1  초 동안 말하기
    꿀통  위치로 이동하기
    꿀벌검사AI ▼  을(를)  2단계꿀벌감염검사  로(으로) 설정하기
```

2 꿀벌이 꿀통에 닿기 전인 1단계검사전에 실행할 블록을 구분합니다. 지금까지 작업은 1 단계에 실행합니다.

〈 제어 〉 [만약 ( ) 이(가) 참이면] 블록 두개, 〈 연산 〉 [( ) = 50]블록 두 개를 가 져옵니다. 조건식 [( ) = 50]은 [꿀벌검사AI =1단계검사전]으로 변경합니다.

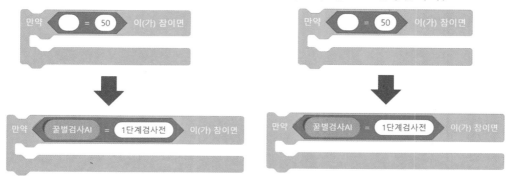

③ 이전에 코딩한 블록들을 [만약 꿀벌검사AI = 1단계검사전이(가) 참이면] 블록에 연결합니다. 프로그램이 진행되며 초기화메세지를 실행하면 도트매트릭스 LED를 끄기를 만듭니다. 〈 업로드 모드 브로드캐스트〉 [업로드모드 메시지 보내기 (   )] 블록을 가져와 [업로드 메세지보내기(CLEAR)] 블록을 [(초기화)(을)를 받았을 때] 블록에 연결하여 도트매트릭스 초기화 로 사용합니다.

다음은 Bee1 스프라이트에 코딩이 완료된 블록입니다.

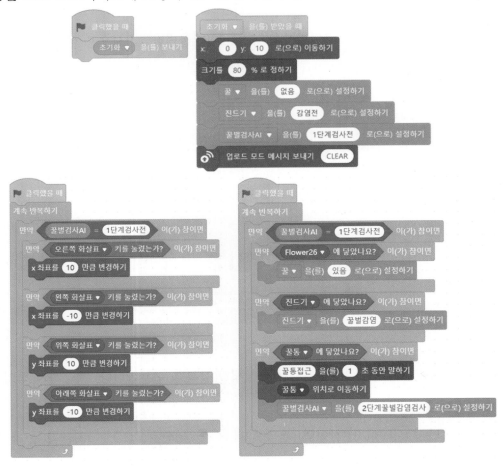

Bee1(꿀벌) 스프라이트를 이동하며 확인합니다.

진드기 스프라이트에서 이어서 코딩합니다.

❹ 진드기가 꿀벌과 만나 꿀벌을 감염시키면 진드기는 꿀벌 위치로 이동하도록 합니다. 꿀벌을 감염시키기 위해서 진드기의 움직임은 꿀벌검사AI 단계가 1단계검사전에는 항상 꿀벌(Bee1)쪽을 바라보고 1 만큼 이동하도록 합니다.

꿀벌감염검사단계일 때는 진드기는 움직이지 않고 꿀벌(Bee1)쪽 보기만 하도록 합니다.

〈 제어 〉[만약 ( ) 이(가) 참이면 아니면] 블록, 〈 연산 〉[( ) = 50] 블록, 〈 동작 〉[(임의의위치) 위치로 이동하기] 블록을 가져옵니다.

조건식 [( ) = 50]은 [진드기=꿀벌감염]으로 변경합니다. [임의의위치 위치로 이동하기]는 [Bee1 위치로 이동하기]로 변경하고 [만약 진드기=꿀벌감염이(가) 참이면] 블록에 연결합니다.

〈 제어 〉[만약 ( ) 이(가) 참이면 아니면] 블록, 〈 연산 〉[( ) = 50] 블록, 〈 동작 〉[(마우스포인터) 쪽 보기] 블록을 가져옵니다.

조건식 [( ) = 50]은 [꿀벌검사AI=1단계검사전]으로 변경합니다. [계속 반복하기] 블록에 연결된 [Bee1 쪽 보기], [1만큼 움직이기] 블록을 [만약 꿀벌검사AI=1단계검사전이(가) 참이면] 블록으로 이동합니다. [마우스포인터쪽 보기] 는 [Bee1 쪽 보기]로 변경하고 [만약 꿀벌검사AI=1단계검사전이(가) 아니면] 블록에 연결합니다.

만들어진 블록은 [만약 진드기=꿀벌감염이(가) 아니면] 블록에 연결하여 [계속반복하기] 블록안에 연결합니다.

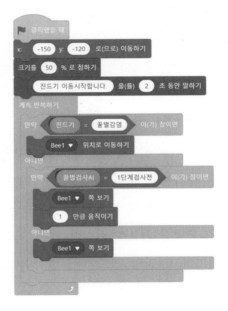

5 진드기의 위치는 초기화메세지를 실행하면 초기화위치로 이동하도록 변경합니다.

⟨ 이벤트 ⟩ [메세지1 을(를) 받았을 때]블록, ⟨ 이벤트 ⟩ [메세지1 을(를) 보내기] 블록을 가져옵니다. [메세지1 을(를) 받았을 때]는 [초기화을(를) 받았을 때]로, [메세지1 을(를) 보내기]는 [초기화을(를) 보내기] 로 변경합니다.

[깃발을 클릭했을 때]블록에 연결된 [x:-150 y:-120 로(으로) 이동하기], [크기를 80%로 정하기],[진드기 이동을 시작합니다을(를) 2초 동안 말하기] 블록은 [초기화을(를) 받았을 때]에 연결합니다. [깃발을 클릭했을 때]블록에 [초기화을(를) 보내기]블록을 추가합니다.

다음은 진드기 스프라이트에 코딩이 완료된 블록입니다.

4 _ [스프라이트] 코딩하기 (3단계)

꿀벌검사AI 스프라이트에서 이어서 코딩합니다.

1 꿀통에 꿀벌이 닿으면 꿀벌 검사단계로 변수 꿀벌검사AI 값을 2단계꿀벌감염검사로 변경하고, 감염이 되었으면 3단계 치료단계로 넘어가도록 하고, 감염되지않았으면 3단계 꿀검사를 하여 꿀이 있는지 확인하는 코드를 작성합니다.

〈 ● 제어 〉 [계속반복하기] 블록, 〈 ● 제어 〉 [만약 ( ) 이(가) 참이면] 블록, 〈 ● 연산 〉 [( ) = 50] 블록을 가져옵니다.

조건식 [( ) = 50]은 [꿀벌검사AI=2단계꿀벌감염검사]로 변경합니다.

〈 ● 제어 〉 [만약 ( ) 이(가) 참이면 아니면] 블록, 〈 ● 연산 〉 [( ) = 50] 블록을 가져옵니다.

조건식 [( ) = 50]은 [진드기=꿀벌감염]으로 변경합니다.

〈 ● 변수〉 블록을 두 개 가져옵니다.

[꿀 을(를) 0으로 설정하기]는 [꿀벌검사AI을(를) 3단계꿀벌치료로(으로) 설정하기]로 변경하여 [만약 진드기=꿀벌감염이(가) 참이면] 블록에 연결합니다.

[꿀 을(를) 0으로 설정하기]는 [꿀벌검사AI을(를) 3단계꿀벌검사로(으로) 설정하기]로 변경하여 [만약 진드기=꿀벌감염이(가) 아니면] 블록에 연결합니다.

만들어진 블록은 [만약 꿀벌검사AI=2단계꿀벌감염검사이(가) 참이면] 블록에 연결합니다.

〈 ● 형태 〉 [(안녕!)을(를) (2)초 동안 말하기]블록을 세 개 추가하여 [꿀벌감염검사를 시작합니다. 을(를) (2)초 동안 말하기], [진드기에 감염되었습니다. 을(를) (2)초 동안 말하기], [진드기에 감염되지 않았습니다. 을(를) (2)초 동안 말하기]로 변경하고 조건에 맞게 추가합니다.

❷ 3단계 꿀벌치료단계 코딩을 합니다. 스페이스키를 눌러 기계학습 모델을 사용하여 인식 결과가 꿀벌치료약이면 치료완료하고 초기화 위치로 꿀벌을 보내기합니다.

꿀벌치료약이 아니면 계속 치료약을 인식하게 만들어봅니다.

〈 ⬤ 이벤트 〉 [깃발을 클릭했을 때]블록, 〈 ⬤ 제어 〉 [계속반복하기] 블록, 〈 ⬤ 제어 〉 [만약 ( ) 이(가) 참이면] 블록, 〈 ⬤ 연산 〉 [( ) = 50] 블록을 가져옵니다.
조건식 [( ) = 50]은 [꿀벌검사AI=3단계꿀벌치료]로 변경합니다.
〈 ⬤ 형태 〉 [(안녕!)을(를) (2)초 동안 말하기]블록을 가져와서 [스페이스 키를 눌러 꿀벌 광선 치료를 시작합니다. 을(를) (2)초 동안 말하기]로 변경하고 추가합니다.

〈 ⬤ 제어 〉 [만약 ( ) 이(가) 참이면] 블록, 〈 ⬤ 관찰 〉 [(스페이스) 키를 눌렀는가?] 블록, 〈@주황〉 제어 〉 [만약 ( ) 이(가) 참이면 아니면] 블록을 가져옵니다.
〈 ⬤ TM 〉 [인식 결과는 꿀벌치료약 ▼ 입니까?] 블록을 가져옵니다.
〈 ⬤ 형태 〉 [(안녕!)을(를) (2)초 동안 말하기]블록을 두 개 가져와서 [꿀벌치료가 끝나고 꿀벌을 원위치로 보냅니다. 을(를) (2)초 동안 말하기], [꿀벌치료약이 아닙니다. 을(를) (2)초 동안 말하기]로 변경하고 추가합니다.

〈 ⬤ 변수〉 [꿀 ▼ 을(를) 0 로(으로) 설정하기] 블록을 가져와서 [꿀벌검사AI을(를) 4단계치료완료 로(으로) 설정하기]로 변경합니다.
〈 ⬤ 이벤트 〉 [메세지1 을(를) 보내기] 블록을 가져와 [초기화을(를) 보내기]로 변경합니다. 만들어 둔 블록을 이전 블록에 추가합니다.

```
🏳 클릭했을 때

계속 반복하기
    만약  ( 꿀벌검사AI = 3단계꿀벌치료 )  이(가) 참이면
        스페이스 키를 눌러 꿀벌 광선 치료를 합니다.  을(를)  2  초 동안 말하기
        만약  ( 스페이스 ▼ 키를 눌렀는가? )  이(가) 참이면
            만약  ( 인식 결과는  꿀벌치료약 ▼  입니까? )  이(가) 참이면
                꿀벌치료가 끝나고 꿀벌을 원위치로 보냅니다.  을(를)  2  초 동안 말하기
                꿀벌검사AI ▼  을(를)  4단계치료완료  로(으로) 설정하기
                초기화 ▼  을(를) 보내기
            아니면
                꿀벌치료약이 아닙니다.  을(를)  2  초 동안 말하기
```

스페이스키를 눌러 꿀벌치료약을 잘 인식하는지 테스트합니다.

❸ 3단계 꿀검사단계 코딩을 합니다. 꿀이 있으면 도트매트릭스를 채우는 그림을 만들고, 꿀이 없으면 초기화위치로 보내기 코딩을 합니다.

〈 ⬤ 이벤트 〉[깃발을 클릭했을 때]블록, 〈 ⬤ 제어 〉[계속반복하기] 블록, 〈 ⬤ 제어 〉[만약 ( ) 이(가) 참이면] 블록, 〈 ⬤ 제어 〉[만약 ( ) 이(가) 참이면 아니면] 블록을 가져옵니다. 〈 ⬤ 연산 〉[( ) = 50] 블록 두 개를 가져옵니다.

조건식 [( ) = 50]은 [꿀벌검사AI=3단계꿀검사], [꿀=있음] 으로 변경하고 연결합니다.

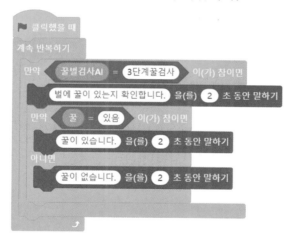

〈 ● 형태 〉 [(안녕!)을(를) (2)초 동안 말하기]블록을 세 개 가져와서 [벌에 꿀이 있는지
확인합니다. 을(를) (2)초 동안 말하기], [꿀이 있습니다. 을(를) (2)초 동안 말하기], [꿀이
없습니다. 을(를) (2)초 동안 말하기]로 변경하고 추가합니다.

4 꿀이 있으면 도트매트릭스 모양을 꿀채우기 모양을 만들고 꿀이 없으면 초기화메세지를
보내는 코딩을 추가합니다.

〈 ▒ 업로드 모드 브로드캐스트〉 [업로드모드 메시지 보내기 ( )] 블록을 가져와 [업로드
메세지보내기(HONEY)] 블록을 만듭니다.

〈 ● 이벤트 〉 [메세지1 을(를) 보내기] 블록을 가져와 [초기화을(를) 보내기]로 변경합니
다. 〈 ● 변수〉〉 ▒▒▒ 블록을 가져와서 [꿀벌검사AI을(를) 4단계꿀통채우기
완료 로(으로) 설정하기]로 변경합니다.

〈 ● 형태 〉 [(안녕!)을(를) (2)초 동안 말하기]블록을 두 개 가져와서 [꿀통에 꿀을 채웠습니다. 을(를) (2)초 동안 말하기], [꿀벌을 돌려보냅니다. 을(를) (2)초 동안 말하기]로 변경하고 추가합니다.

⑤ 2단계 꿀벌 감염검사와 3단계 꿀검사 부분에 음성 출력서비스를 추가합니다.

〈 텍스트 음성 변환 〉 [말할 (안녕하세요)]블록을 6개 가져와서 〈 ● 형태 〉 [(안녕!)을(를) (2)초 동안 말하기]블록위에 추가합니다. 음성은 같은 내용입니다.

다음은 꿀벌검사AI 스프라이트의 완료된 코딩블록입니다.

이제 모든 스프라이트에서 코딩을 완료했습니다.

5 _ [아두이노] 주요블록 알아보기

꾸러미	블록	설명
업로드 모드 브로...	업로드 모드 메시지를 수신할 때 message	아두이노에 프로그램 업로드 후 업로드 메시지를 수신할 때 사용하는 블록입니다.
Matriz de LEDs 8x8	fijar pines: DIN: 7 CS: 6 CLK: 5	도트 매트릭스를 사용하기위한 확장블록입니다.
	dibujar figura	도트 매트릭스의 모양을 디자인 할 수 있는 블록입니다.

6 _ [아두이노] 코딩하기

아두이노와 도트매트릭스 연결을 확인합니다. 스프라이트 코딩 부분에서 꿀검사를 통해 꿀 채우기 메시지가 오면 꿀을 채우는 모습을 도트매트릭스에 표현합니다.

1 아두이노가 켜지면 도트매트릭스 동작 확인을 위해 숫자 0을 표현하고 1초 후 꺼둡니다. 〈 이벤트 〉 [arduino Uno가 켜지면] 블록, 〈 제어 〉 [1초 기다리기] 블록. 〈 Matriz de LEDs 8×8 〉 [fijar pines : DIN: (7) CS:(6) CLK:(5)] 블록을 가져옵니다. 도

트매트릭스를 사용하기 위한 블록으로 DIN:(7) CS:(6) CLK:(5) 도트매트릭스가 연결되어 있는 핀 값과 일치하는지 확인합니다.

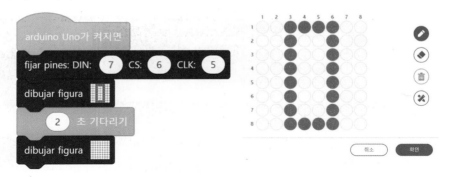

2 업로드메세지를 받아서 도트매트릭스 LED 모양을 만듭니다.

〈 🔲 업로드 모드 브로드캐스트〉 [업로드모드 메시지를 수신할 때 (   )] 블록을 두 개 가져와 [업로드모드 메시지를 수신할 때 CLEAR], [업로드모드 메시지를 수신할 때 HONEY]로 변경합니다.

〈 ⬤ Matriz de LEDs 8×8 〉 [fijar pines : DIN: (7) CS:(6) CLK:(5)] 블록과 〈 ⬤ 제어 〉 [1초 기다리기] 블록을 6개 가져와서 [0.3초기다리기]로 변경하여 꿀통에 꿀이 채워지는 모습을 도트매트릭스에 표현합니다.

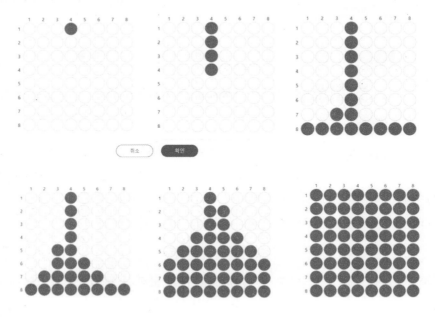

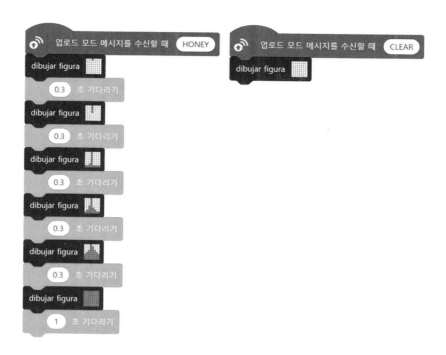

이제 코딩이 완료되었습니다. 만들어진 블록 프로그램이 잘 실행되는지 확인합니다.

1 Bee1과 진드기 스프라이트가 닿으면 '꿀벌감염'이 나타나는지 확인합니다.

2 인식창이 열리고 스페이스 키를 눌렀는가가 동작하는지 확인합니다.

3 도트매트릭스 LED가 명령에 따라 동작하는지 확인합니다.

1 꿀벌이 이동하며 날개가 움직이는 모습을 추가하여 생동감있게 만듭니다.(별도 소스코드 제공 : 17_꿀벌검사인공지능로봇_업그레이드.mblock)

〈18장〉 엠블록 인공지능 기계학습과 스프레드시트 활용 프로젝트

작품명 ▶	잘 익은 토마토를 분류하는 AI 농장	레벨 ★★★☆☆
		완성 프로그램 18_잘 익은 토마토를 분류하는 AI농장.ent

학습목표 ▶
- UN의 지속가능발전목표와 연계해 지속가능한 생산과 소비에 대해 생각해보고 인공지능을 활용할 수 있는 방법을 생각할 수 있습니다.
- 우리의 생활 속에서 인공지능을 활용할 수 있는 다양한 방법을 프로젝트를 통해 경험하고 응용해볼 수 있습니다.

1단계 ▶ 생각열기

1 _ 알아보기

(Goal 12)'지속가능한 생산과 소비'에 대해 알아보겠습니다.

지속가능한 소비와 생산은 "적은 비용으로 더 많은 것을 얻고 더 잘하는 것" 것을 목표로 하고 있기 때문에, 삶의 질을 높이면서도 자원낭비나 오염을 줄임으로써 경제적 활동으로 인한 복지혜택을 증가시킬 수 있습니다.

2 _ 아이디어 도출하기

생활 속에 인공지능을 도입함으로써 우리가 편리해 지고 더 효율적으로 인공지능이 처리할 수 있는 일들에는 어떤 것들이 있을까요. 자유롭게 생각해보며 적어봅시다. (3가지 이상)

■

■

■

3 _ 미션 확인하기

개인 농가에서는 매년 농작물 출하시기가 되면 등급에 따라 상품을 분류하는 일을 합니다. 사람들이 일일이 분류하다보면 일손도 많이 들고, 가끔은 실수를 하기도 하지요. 토마토 농장에서는 잘익은토마토와 덜익은토마토를 매번 구분해야 하는 일을 합니다. 이 작업을 인공지능이 자동으로 구분해준다면 어떨까요? 우리도 인공지능을 활용하여 토마토를 구분할 수 있는 장치를 만들어볼수 있습니다. 자! 그러면 인공지능 토마토 분류기를 만들기 위해 프로젝트를 시작해 볼까요.

실습 결과 동영상 QR코드
https://youtu.be/uMkUETf99KQ

1 _ 재료 준비하기

> **키워드** Google스프레드시트, 삼색 LED

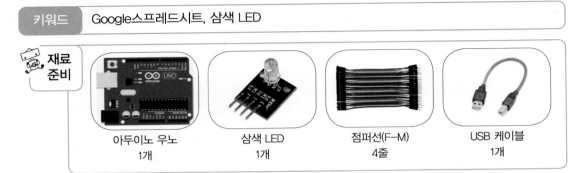

재료
준비

아두이노 우노
1개

삼색 LED
1개

점퍼선(F-M)
4줄

USB 케이블
1개

2 _ 회로 연결하기

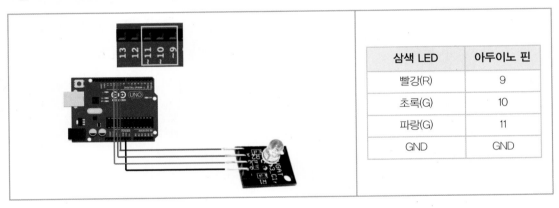

삼색 LED	아두이노 핀
빨강(R)	9
초록(G)	10
파랑(G)	11
GND	GND

1 삼색 LED R핀은 아두이노 9번 핀에 연결합니다.

2 삼색 LED G핀은 아두이노 10번 핀에 연결합니다.

3 삼색 LED B핀은 아두이노 11번 핀에 연결합니다.

4 삼색 LED GND핀은 아두이노 GND핀에 연결합니다.

5 회로 연결후 USB포트를 이용하여 컴퓨터와 연결합니다.

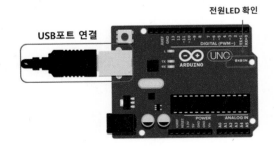

전원LED 확인

USB포트 연결

3 _ 엠블록 설치 및 가입하기

엠블록에 아두이노와 같은 외부장치를 연결하려면 엠블록 장치를 이용합니다.

엠블록 장치를 연결하는 방법은 9장 4.엠블록 장치 연결하기를 참고하면 됩니다.

엠블록 설치 및 가입하기는 9장 3.엠블록 설치 및 가입하기를 참고하면 됩니다.

3단계 ▶ **확장하기**

1 _ 스프라이트 확장블록

기계학습	업로드 모드 브로드캐스트	Text to Speech	Google스프레드시트
기계학습 By mBlock official 기계 학습을 사용하면 프로그래밍 할 줄은 없지만, 컴퓨터가 학습하여 일을 배우고 인간의 두뇌와 유사한 인공 신경 네트워크를 구축할	업로드 모드 브로드캐스트 By mBlock official 이 확장을 추가 하 여 장치가 업로드 모드에서 스프라이트와 상호 작용 할 수 있도록 합니다.	Text to Speech 개발 자: MIT Media Lab Make your projects talk (not available in China yet)	Google 스프레드시트 By mBlock official 이 확장을 사용 하면 mBlock를 사용 하 여 Google 시트에 데이터를 입력 할 수 있습니다. (Google 서비스 지역 에서만 사용 가능)

❶ 기계학습의 서비스를 이용하기 위해 확장블록을 추가 합니다. 반드시 로그인이 필요합니다. (회원가입 방법은 9장, 엠블록 설치 및 가입하기를 참고하면 됩니다.)

❷ 업로드 모드 브로드캐스트는 장치(디바이스)와 스프라이트가 상호 작용을 할 수 있도록 도와주는 블록입니다.

❸ Text to Speech는 입력된 텍스트를 다양한 음성으로 말해주는 확장 블록입니다.

❹ Google스프레드시트에서 데이터를 받거나 전송 할 수 있는 확장 블록입니다. (구글계정이 있어야 사용이 가능합니다.)

❺ 블록 꾸러미 하단에서 🔲 확장 버튼을 눌러 확장 센터로 이동합니다. (확장하는 방법은 9장을 참고하면 됩니다.)

2 _ 장치(디바이스) 확장블록

1 스프라이트에서 [업로드 모드 브로드캐스트]를 추가했다하더라도 장치(디바이스)에서도 업로드 모드 브로드캐스트를 반드시 추가해줘야 합니다.

4단계 ▶ 디자인하기

1 _ 화면구성하기

화면구성을 위해 배경을 "실외 〉 City7"로 정하고 "음식 〉 Tomato" 스프라이트를 선택하여 추가해둡니다. (배경을 추가하는 방법은 9장을 참고하면 됩니다.)

배경정하기	스프라이트
City7	Tomato

사용하지 않는 스프라이트는 해당스프라이트 옆에 붙어있는 ⊗ 버튼을 누르면 삭제 메시지가 나옵니다. 삭제 버튼을 눌러 삭제합니다.

2 _ 스프라이트 편집하기

1 토마토 스프라이트를 잘익은토마토, 덜익은토마토로 구분하기 위해 빨간색토마토를 복사한 후 초록색 컬러로 변경해야 합니다.

Tomato 스프라이트에서 〔 × 〕 모양 버튼을 눌러 토마토의 이미지를 초록색컬러로 변경해주세요.

Tomato 스프라이트를 초록색 컬러로 변경을 완료되었다면 〔 × 〕 엑스 모양 버튼을 눌러 완료해주세요.

1 _ [스프라이트] 주요블록 알아보기

꾸러미	블록	설명
● TM	인식 결과는 기본 ▼ 입니까?	기계학습을 진행하고 나온 결과 블록입니다. 인식결과에 따른 다양한 코딩을 할 수 있습니다.
◀ 텍스트 음성 변환	말할 안녕하세요	입력한 텍스트를 음성으로 말해주는 블록입니다.
업로드 모드 브로드 캐스트	업로드 모드 메시지 보내기 message	아두이노 장치와 스프라이트가 서로 상호 작용할 수 있도록 업로드모드 메시지를 송신할 때 사용하는 블록입니다.
● Google 스 프레드시트	공유 시트에 연결 https://docs.google.com/spreadsheets	Google 스프레드시트에서 데이터를 받거나 전송 할 때 연결하는 블록입니다.
	입력 50 열에 1 행 1	Google 스프레드시트의 열값을 지정해서 저장하는 블록입니다.

2 _ [스프라이트] 코딩하기

스프라이트에서 코딩하기 전에 기계학습모델을 만들어봅니다.

1 기계학습 모델을 만들기 위해 〈 ● TM 〉 블록꾸러미에서 [학습모델]메뉴를 클릭하고 모델학습을 시작합니다.

2 [잘익은토마토], [덜익은토마토] 클래스를 구분하고 테스트하기 위한 [내모습] 도 학습을 시켜줍니다. 배우기 배우기 버튼을 눌러 학습을 진행합니다. 90%이상 인식이 잘되고 학습이 다 되었다면 모델 사용 모델사용 버튼을 눌러 학습을 완료합니다.

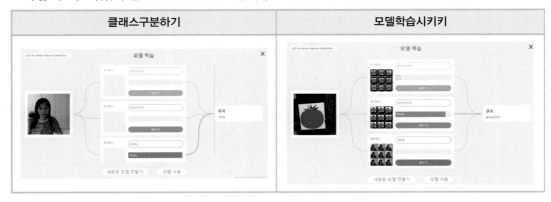

❸ 〈 ● TM 〉블록꾸러미에서 [학습모델] 메뉴 아래 학습된 블록이 생성되었는지 확인합니다. 인식 창을 열어 학습이 잘되었는지 확인해보세요

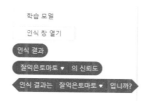

3 _ [스프라이트] 코딩하기

Tomato

Tomato 스프라이트에서 코딩을 시작합니다.

❶ 〈 ● 변수〉 블록꾸러미를 선택하고 [변수 만들기]를 이용해 덜익은토마토, 잘익은토마토 값를 저장할 수 있도록 변수를 만들어두고 체크박스를 클릭해둡니다.

TIP 체크박스에 표기를 해두면 변수 값을 무대화면에서 확인할 수 있어서 편리합니다.

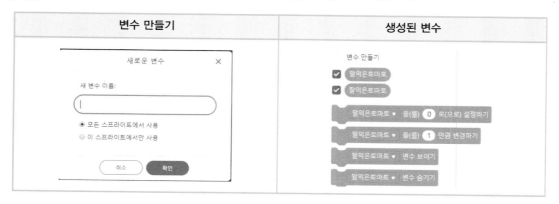

❷ 〈 ● 이벤트 〉 [클릭했을 때] 블록아래에 〈 ● 변수〉 [(잘익은토마토) 을(를) (0) 으로 설정하기]에 변수, 〈 ● 변수〉 [(덜익은토마토) 을(를) (0) 으로 설정하기] 변수를 넣어줍니다.

❸ ⟨ 텍스트 음성 변환 ⟩ [말할 (안녕하세요)] 블록 안에 [인공지능 농장에 오신것을 환영합니다] 인사하는 문장을 만들어 넣어봅니다.

❹ ⟨ Google 스프레드시트 ⟩ [공유시트에 연결 (#)] 블록에 공유하기로 만들어둔 Google스프레드시트 주소를 입력해줍니다.

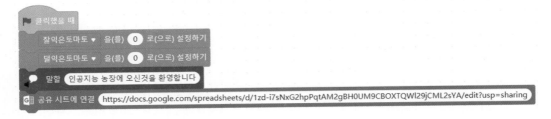

TIP **Google 스프레드시트 만드는 방법**

Google 스프레드시트를 만들어서 공유하는 방법에 대해 알아보겠습니다. Google스프레드시트를 복사한 후 권한을 편집자로 설정한 후 공유한 후 주소를 넣어주어야 합니다.

❶ 샘플 Google 스프레드시트로 들어간 후 사본만들기를 클릭합니다. 문서복사 화면이 보이면 사본생성을 클릭합니다.
• 샘플주소: https://docs.google.com/spreadsheets/d/1zd-i7sNxG2hpPqtAM2gBH0UM9CBOXTQWl29jCML2sYA/edit#gid=0

❷ 자 이제 사본이 생성되었다면 편집권한을 변경하고 공유해보도록 하겠습니다. 우측상단의 공유버튼을 클릭하면 팝업창이 뜹니다. 팝업창 하단에 보이는 일반액세스 제한됨을 [링크가 있는 모든 사용자]로 변경해주세요. 그리고 링크가 있는 모든사용자를 [편집자]로 변경하고 완료버튼을 눌러주세요.

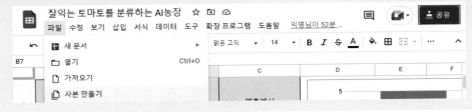

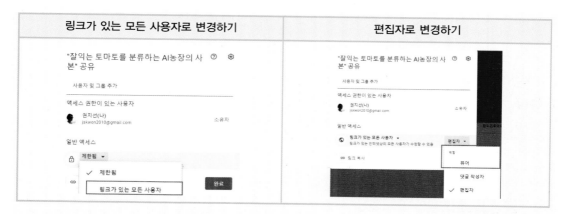

링크가 있는 모든 사용자로 변경하기	편집자로 변경하기

③ 완료 버튼을 누르고 상단에 주소 링크를 복사해서 블록안에 주소를 넣어줍니다.

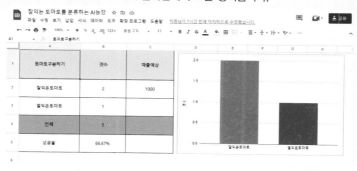

⑤ 〈 제어 〉 [만약 ( ) 이(가) 참이면] 블록, 〈 TM 〉 [인식결과는 (잘익은토마토)입니까?] 참이면 블록을 사용합니다. 〈 변수〉 [(잘익은토마토) 을(를) (1) 으로 변경하기] 에 변수를 넣고 〈 텍스트 음성 변환 〉 [말할 (안녕하세요)]블록을 이용하여 "잘익은토마토입니다" 텍스트를 입력해줍니다. 〈 형태 〉 [모양을 (Tomato) 으로 바꾸기] 설정해줍니다.

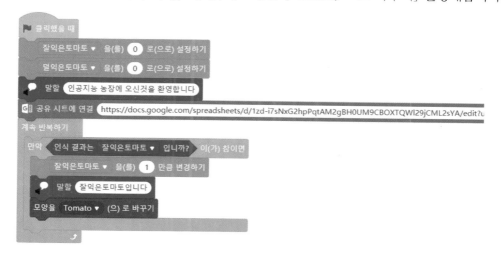

6 같은 방식으로 〈 제어 〉[만약 ( ) 이(가) 참이면] 블록, 〈 TM 〉[인식결과는 (덜익은토마토)입니까?] 참이면 블록을 사용합니다. 〈 변수〉[(덜익은토마토) 을(를) (1) 으로 변경하기] 에 변수를 넣고 〈 텍스트 음성 변환 〉[말할 (안녕하세요)]블록을 이용하여 "덜익은토마토입니다" 텍스트를 입력해줍니다. 〈 형태 〉[모양을 (Tomato2) 으로 바꾸기] 설정해줍니다.

7 〈 Google스프레드시트 〉[입력 (#) 열에 (#) 행 (#)] 블록을 이용해 입력에 〈 변수〉[잘익은토마토] 변수 값을 결합하고 열 (2) , 행 (2) 숫자를 입력해줍니다.

	A	B	C
1	토마토 구분하기	갯수	매출예상
2	잘익은토마토	1	5500
3	덜익은토마토	0	
4	전체	1	
5	성공율	100.00%	

위 이미지에서 보시는바와 같이 행은 숫자로 구분되어 있고, 열은 알파벳으로 구분되어 있습니다.
빨간 박스로 표시해놓은 부분이 열(2), 행(2)입니다. 이곳에 잘익은토마토로 인식된 데이터 값이 입력될것입니다.

8 같은 방식으로〈 Google스프레드시트 〉[입력 (#) 열에 (#) 행 (#)] 블록을 이용해 입력에 〈 변수〉[덜익은토마토] 변수 값을 결합하고 열 (3) , 행 (2) 숫자를 입력해줍니다.

그리고 잘익은토마토의 예상매출을 예측해보기 위해 단가를 500원으로 정하고 수식을 넣어 열 (3) , 행 (2) 숫자를 넣어줍니다.

9 마지막으로 잘익은토마토가 인식되면 아두이노에서 빨간불, 덜익은 토마토가 인식되면 초록불을 켜볼 예정이므로 업로드모드 메시지 보내기를 이용하여 설정해 줍니다. 〈 🔵 제어 〉 [만약 (잘익은토마토) 이(가) 참이면] 블록에 〈 🔵 업로드 모드 브로드캐스트〉 [업로드모드 메시지 보내기 ( )] 블록을 넣어줍니다. (잘익은토마토=red) 으로 설정합니다. 그리고 〈 🔵 제어 〉 [만약 (덜익은토마토) 이(가) 참이면] 블록에 〈 🔵 업로드 모드 브로드캐스트〉 [업로드모드 메시지 보내기 ( )] 블록을 넣어줍니다. (잘익은토마토=green) 으로 설정합니다.

10 여기까지 Panda 스프라이트 코딩이었습니다.

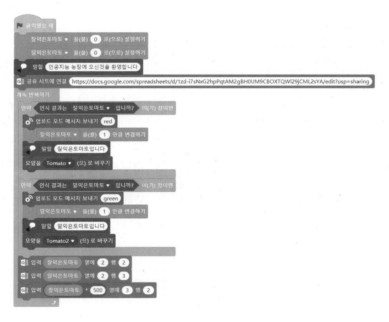

4 _ [아두이노] 장치의 주요블록 알아보기

꾸러미	블록	설명
🔵 업로드 모드 브로...	업로드 모드 메시지를 수신할 때 message	아두이노에 프로그램 업로드 후 업로드 메시지를 수신할 때 사용하는 블록입니다.
🔵 핀	디지털 핀 9 번에 출력 high ▼ 으로 설정하기	아두이노의 핀에 연결된 디지털 값을 high=켜기 low=끄기 설정하는 블록입니다.

5 _ [아두이노] 코딩

자! 이제 아두이노 장치를 연결하여 음성인식결과에 따라 삼색 LED가 작동할 수 있도록 장치를 선택하고 코딩해 보겠습니다.

1 아두이노가 잘 업로드 되었는지 확인하기 위해 파란불이 켜지게 코딩해보겠습니다. 〈 이벤트 〉[arduino Uno가 켜지면] 블록, 〈 핀 〉[(디지털핀 (11)번에 출력 (high) 으로 설정하기] 블록을 디지털 핀에 맞게 넣어줍니다.

2 잘익은 토마토가 인식되다는 메시지를 수신하면 빨간불이 켜지도록 합니다. 〈 업로드 모드 브로드캐스트 〉[업로드모드 메시지를 수신할 때 (#)] 블록에 수신 메시지값 (red) 을 넣어줍니다.

〈 ● 핀 〉 [(디지털핀 (9)번에 출력 (high) 으로 설정하기]

〈 ● 핀 〉 [(디지털핀 (11)번에 출력 (low) 으로 설정하기],

〈 ● 핀 〉 [(디지털핀 (10)번에 출력 (low) 으로 설정하기] 블록을 코딩해줍니다.

❸ 덜익은 토마토가 인식되다는 메시지를 수신하면 초록불이 켜지도록 합니다. 〈 ● 업로드모드 업로드 모드 브로드캐스트 〉 [업로드모드 메시지를 수신할 때 (#)] 블록에 수신 메시지값 (green) 을 넣어줍니다. 그리고

〈 ● 핀 〉 [(디지털핀 (9)번에 출력 (low) 으로 설정하기]

〈 ● 핀 〉 [(디지털핀 (11)번에 출력 (high) 으로 설정하기],

〈 ● 핀 〉 [(디지털핀 (10)번에 출력 (low) 으로 설정하기] 블록을 코딩해줍니다.

❹ 여기까지 코딩하면 아두이노 코딩 완성입니다.

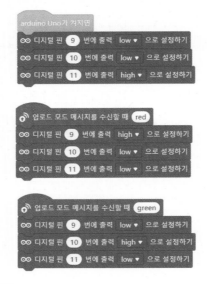

1 업로드를 클릭해서 프로그램을 업로드 합니다.(업로드하는 방법은 9장을 참고하면 됩니다.)

2 잘익은토마토, 덜익은토마토가 잘 인식되는지 인식 창을 이용해 확인합니다.

3 인식된 테이터 값이 Google스프레드시트에 잘 입력되는지 확인합니다.

토마토구분하기	갯수	매출예상
잘익은토마토	4	2000
덜익은토마토	5	
전체	9	
성공율	44.44%	

4 아두이노에 연결된 LED가 잘익은토마토=빨간색, 덜익은토마토=초록색으로 잘 작동하는지 확인합니다.

1 토마토 농장외에 다른 과일이나, 채소를 이용해 인공지능 스마트팜을 만들 수 있을지 생각해볼까요?

2 인공지능 스마트팜에 어떤 기능을 추가하면 좋을지 생각해 봅시다.

PART 04

〈부록 01〉
아두이노 스케치 사용방법 익히기

1 _ 아두이노란 무엇인가

아두이노란 무엇인가

아두이노(Arduino)란 센서로부터 입력을 받고 외부 장치를 제어하는 마이크로컨트롤러(Microcontroller) 보드입니다.

아두이노는 이탈리아 이브레아 디자인 전문대학(Ivrea Interaction Design Institute)에서 전기, 전자 및 프로그래밍에 익숙하지 않은 학생에게 인터랙션 디자인 교육을 위해 만들어진 보드로 이탈리아어로 '절친한 친구'라는 뜻처럼 비전공자 또는 일반인들도 쉽게 사용할 수 있게 2005년에 마시모밴지(Masimo Banzi)교수가 만들었습니다.

Arduino의 구성요소는 다음 그림과 같이 마이크로컨트롤러 보드, 아두이노 프로그래밍 언어, 소프트웨어 통합개발환경(IDE:Integrated Development Environment) 이며 각각 또는 전체를 호칭합니다.

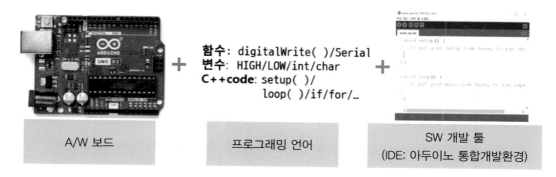

| A/W 보드 | 프로그래밍 언어 | SW 개발 툴
(IDE: 아두이노 통합개발환경) |

아두이노 우노는 처음 만든 보드로 이탈리아어로 '우노'는 숫자 1을 뜻하며 첫 번째, 최고라는 뜻도 있습니다. 아두이노 우노는 처음 버전인 R1에서 업그레이드 된 R3 버전으로 안정적으로 사용되고 있고 아두이노 프로젝트에서 대중성이 있는 보드입니다.

PC에 아두이노 IDE(통합개발환경) 설치시 기본으로 선택되는 보드입니다.

- 이탈리아어 숫자 : Uno(우노) = 1, Due(듀에) = 2, Tre(트레) = 3, Quattro(콰트로) = 4

아두이노를 어떻게 동작 시키는가?

1 컴퓨터에 설치한 아두이노 통합개발환경에서 LED를 켜는 프로그램을 작성합니다.

2 아두이노 보드에 LED 회로를 구성합니다.

3 프로그램을 USB 케이블을 사용하여 아두이노 보드에 업로드 합니다.

4 아두이노는 프로그램에 의해 LED를 켜는 동작을 합니다.

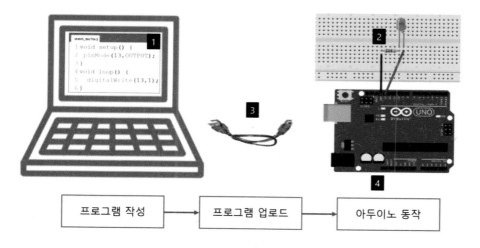

| 프로그램 작성 | → | 프로그램 업로드 | → | 아두이노 동작 |

2 _ 아두이노 개발환경 설치

아두이노를 프로그램하기 위해서 PC에 아두이노 IDE(통합개발환경)을 설치합니다.
구글 또는 네이버에서 "arduino"를 검색합니다.
www.arduino.cc 아두이노 사이트에 접속한 후 프로그램을 다운로드 받고 설치하기 위해
[SOFTWARE] 탭으로 이동합니다.

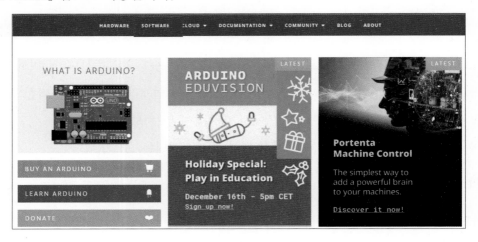

[Windows Win7 and newer]를 선택합니다. 맥, 리눅스를 사용 시 알맞은 버전을 클릭하
여 설치합니다. 단, 다운로드 시점에 따라 버전은 변경될 수 있습니다.

아래 네모칸의 [JUST DOWNLOAD]를 클릭하여 프로그램을 다운로드 합니다.
[CONTRIBUTE & DOWNLOAD]는 기부 후에 다운로드로 아두이노 사이트에 금액을 기부
할 수도 있습니다. [CONTRIBUTE & DOWNLOAD]를 클릭하여 설치하지 않습니다.

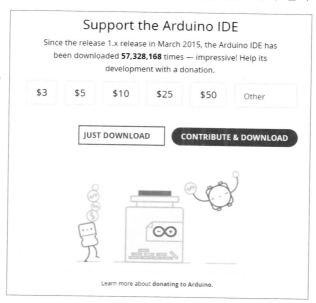

APPENDIX

[다운로드] 폴더에서 다운로드 받은 설치파일을 더블클릭하여 설치합니다.

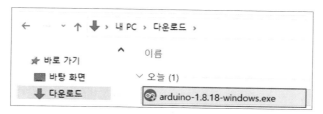

"I Agree"를 눌러 설치를 진행합니다.

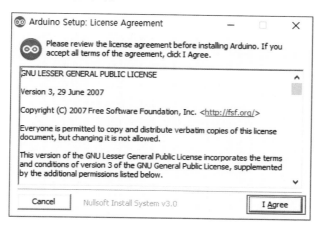

"Next〉"를 눌러 진행합니다.

"Install"을 눌러 진행합니다.

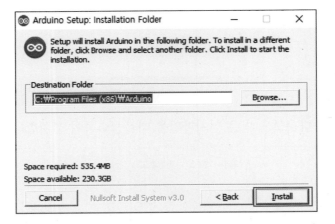

설치 진행 중 입니다.

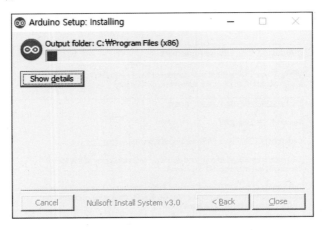

설치를 어느 정도 진행하면 팝업창이 나옵니다.

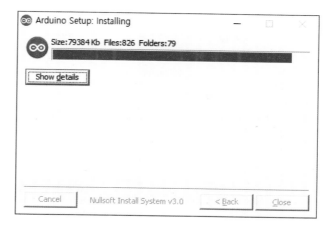

USB드라이버를 설치하는 팝업으로 "설치(I)"를 눌러 설치합니다. USB포트 수만큼 팝업창
이 나타납니다. 모두 다 설치를 눌러 진행합니다.

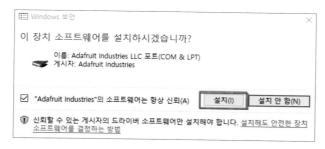

완료후 "Close"를 눌러 설치를 완료합니다.

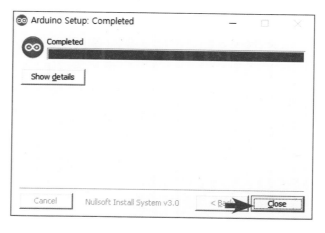

바탕화면에 아이콘이 생성되었습니다. 아이콘을 더블클릭하여 아두이노 IDE를 실행해봅니다.

코딩을 할 수 있는 편집기 화면이 열립니다. 아두이노 프로그램은 여기에 작성하여 진행하도록 합니다.

```
void setup() {
  // put your setup code here, to run once:

}

void loop() {
  // put your main code here, to run repeatedly:

}
```

아두이노 IDE의 구조는 아래와 같습니다.

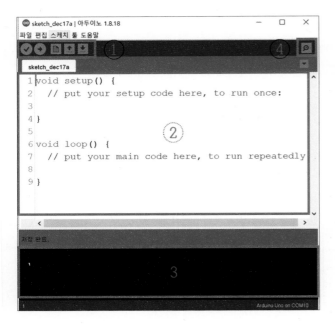

❶ [툴바]로 자주 사용하는 기능들을 모아 두었습니다.

❷ [에디터 창]으로 프로그램을 여기에 작성합니다.

❸ [콘솔 창]으로 컴파일 에러 및 컴파일 결과가 여기에 나타납니다.

❹ [시리얼 모니터]로 아두이노와 PC간 서로 통신을 할 때 여기를 통해 데이터 및 명령어 등 을 주고받을 수 있습니다.

USB케이블을 이용하여 아두이노와 PC를 연결합니다.

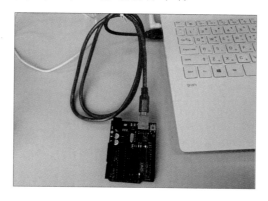

아두이노 프로그램에서 [툴] -> [보드] -> [Arduino Uno]를 선택합니다. [Arduino Uno] 보드는 가장 많이 사용하는 보드로서 기본적으로 선택되어 있지만 다른 보드가 선택되어 있다면 [Arduino Uno] 보드로 선택합니다.

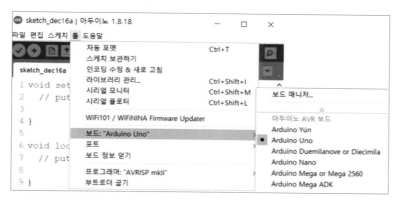

[툴] -> [포트] -> [COMXX(Arduino Uno)] 아두이노 우노가 연결된 포트를 선택해서 클릭합니다.

COMXX에서 XX는 포트 번호로 컴퓨터 마다 다를 수 있습니다. 아두이노 우노가 처음 연결된 컴퓨터라면 3~10번 내외로 포트가 연결되는 경우가 많습니다.

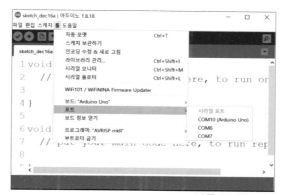

[툴]에서 [보드]와 [포트]가 선택되었는지 확인합니다.

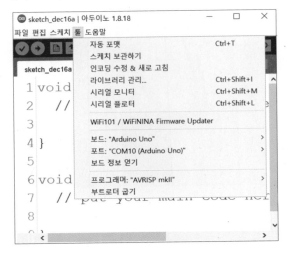

[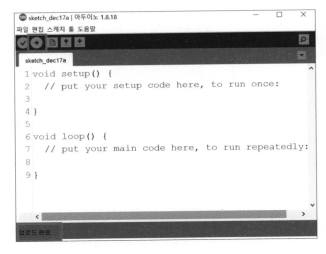 업로드버튼]을 눌러 "업로드 완료"가 되었는지 확인합니다.

업로드가 완료되었다면 정상적으로 PC의 아두이노 프로그램과 아두이노 보드가 잘 연결되었음을 알 수 있습니다.

PC에 아두이노 IDE 개발환경을 설치해보고 프로그램을 업로드 하면서 아두이노의 개발환경 구축을 마쳤습니다.

3 _ 아두이노 및 프로그래밍 기초

학습목표 ▶ 아두이노 프로그램 구조와 아두이노의 13번 핀에 내장 된 LED 제어를 통하여 아두이노를 제어하는 방법, 프로그래밍 언어 기초를 알아봅니다.

아두이노 스케치 프로그램 구조 살펴보기

아두이노 새파일을 열면 오늘 날짜(예:12월 17일) 'sketch_dec17a' 라는 스케치 프로그램이 열립니다. 스케치 프로그램 기본 구조는 setup( )함수와 loop( )함수로 이루어져 있습니다.

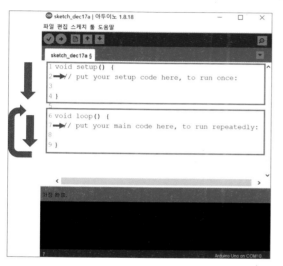

setup( )함수에는 '//put your setup code here, to run once:' 는 단 한 번만 실행시키는 코드 또는 사용할 핀에 대한 초기 작업을 적으라는 설명입니다.

loop( )함수 내에 '// put your main code here, to run repeatedly:'는 무한히 실행시키기 위한 명령어들을 적으라는 설명입니다. 우리는 대부분의 명령어는 loop( )함수 내에 적습니다.

아두이노에 내장된 LED 제어하기 1

아두이노에 내장 된 13번 핀 LED를 한 번 켜고 끄는 제어 동작을 만들어 봅니다.

재료 준비 PC와 아두이노를 USB 케이블로 연결하여 준비합니다

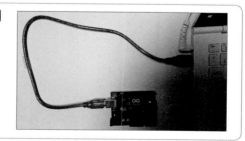

아두이노 코드 작성

아두이노에 내장 된 13번 핀 LED를 한 번 켜고 끄는 프로그램을 작성합니다.

다음의 코드를 작성합니다.

1_3_1.ino

```
01  void setup( ) {
02      pinMode(13,OUTPUT);
03      digitalWrite(13,HIGH);
04      delay(1000);
05      digitalWrite(13,LOW);
06      delay(1000);
07  }
08
09  void loop( ) {
10
11  }
```

02 : 13번핀을 출력핀으로 사용하도록 설정합니다.

03~06 : 13번 LED를 켜고 1초 기다리고 끄고 1초 기다립니다.

03 : 13번핀을 5V로 출력합니다. 핀의 출력이 HIGH이면 핀에서 5V전압이 출력되어 LED를 켭니다.

04, 06 : 1000mS동안 기다립니다. 1000mS = 1초 입니다.

05 : 13번핀을 0V로 출력합니다. 핀의 출력이 LOW이면 핀에서 0V전압이 출력되어 LED를 끕니다. 0V는 출력
되지 않으나 설명의 편의를 위해 0V가 출력된다고 표현하였습니다.

다음은 작성된 아두이노 스케치 프로그램입니다.

```
1_3_1 | 아두이노 1.8.18
파일 편집 스케치 툴 도움말

1_3_1
1 void setup() {
2   pinMode(13,OUTPUT);  //13번핀을 출력핀으로 사용하도록 설정합니다.
3   digitalWrite(13,HIGH);  //13번핀을 5V로 출력합니다.
4   delay(1000);             //1000mS 동안 기다립니다
5   digitalWrite(13,LOW);   //13번핀을 0V로 출력합니다.
6   delay(1000);             //1000mS 동안 기다립니다
7 }
8
9 void loop() {
10
11 }
```

[🔘 업로드버튼]을 눌러 아두이노 우노 보드에 프로그램을 업로드 합니다.

결과

아두이노 우노 보드에 내장된 13번 핀 LED가 한 번 깜박입니다. 1회 깜박이므로 순간 못 볼 수 있습니다.

아두이노에 내장된 LED 제어하기 2

이어서 아두이노에 내장된 13번 핀 LED를 1초 동안 켜고 1초 동안 *끄기*를 하는 제어 동작을 만들어 봅니다.

아두이노 코드 작성

아두이노에 내장 된 13번 핀 LED를 1초 동안 켜고 1초 동안 *끄기*를 무한히 반복하는 프로그램을 작성합니다. 다음의 코드를 작성합니다.

1_3_2.ino

```
01    void setup( ) {
02      pinMode(13,OUTPUT);
03    }
04
05    void loop() {
06      digitalWrite(13,HIGH);
07      delay(1000);
08      digitalWrite(13,LOW);
09      delay(1000);
10    }
```

02 : 13번핀을 출력핀으로 사용하도록 설정합니다.

06~09 : LED를 켜고 1초 기다리고 끄고 1초 기다리기를 반복합니다.

06 : 13번핀을 5V로 출력합니다.

07. 09 : 1000mS동안 기다립니다. 1000mS = 1초 입니다.

08 : 13번핀을 0V로 출력합니다.

다음은 작성된 프로그램입니다.

```
1_3_2 | 아두이노 1.8.18
파일 편집 스케치 툴 도움말

1_3_2 §
1 void setup() {
2   pinMode(13,OUTPUT); //13번핀을 출력핀으로 사용하도록 설정합니다.
3 }
4
5 void loop() {
6   digitalWrite(13,HIGH); //13번핀을 5V로 출력합니다.
7   delay(1000);            //1000mS 동안 기다립니다
8   digitalWrite(13,LOW);  //13번핀을 0V로 출력합니다.
9   delay(1000);            //1000mS 동안 기다립니다
10 }
```

[🔘 업로드버튼]을 눌러 아두이노 우노 보드에 프로그램을 업로드합니다.

결과

아두이노에 내장된 13번 핀 LED를 1초 동안 켜고 1초 동안 끄기를 무한히 반복하는 것을
확인합니다.

아두이노에 사용하는 프로그래밍 기초 설명

기호	의미
//	// 뒤에는 프로그램에 설명할 내용을 한 줄로 적습니다.
/* */	'/*' 과 '*/' 사이에 여러 줄의 설명이 필요한 경우에 적습니다.
;	5V';' 세미콜론은 명령어 한 개를 적은 후 뒤에 반드시 적도록 합니다.
{ }	중괄호는 함수의 시작과 끝 또는 반복문을 묶음할 때 사용합니다.

〈부록 02〉

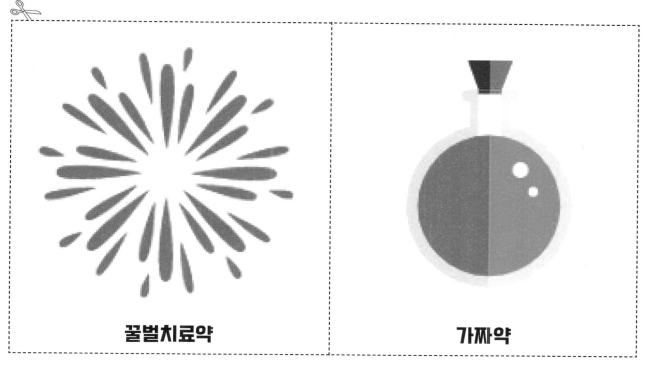

꿀벌치료약

가짜약